A invenção da vida

Os capítulos "O poder da ilusão", "O terceiro no relacionamento conjugal", "O significante outro" e "O essencial na criação dos filhos" são adaptações dos artigos publicados pelo autor no *Jornal da Brasileira*, da Sociedade Brasileira de Psicanálise de Porto Alegre (SBPdePA). "O masculino no mundo atual", "A diversidade é o destino" e "A ética nas relações entre pais e filhos" foram adaptados de textos do autor publicados na revista *Psicanálise*, também da SBPdePA.

C837i   Costa, Gley P.
        A invenção da vida : uma visão psicanalítica contemporânea da felicidade / Gley P. Costa. – Porto Alegre : Artmed, 2023.
        xii, 155 p. ; 21 cm.

        ISBN 978-65-5882-134-2

        1. Psicanálise. 2. Ensaio. I. Título.

CDU 159.964.2

Catalogação na publicação: Karin Lorien Menoncin – CRB 10/2147

GLEY P. COSTA

A invenção da vida

uma visão psicanalítica contemporânea da felicidade

Porto Alegre
2023

© Grupo A Educação S.A., 2023

Gerente editorial: Letícia Bispo de Lima

Colaboraram nesta edição:

Coordenadora editorial: Cláudia Bittencourt

Editor: Lucas Reis Gonçalves

Capa: Paola Manica | Brand&Book

Preparação de originais: Leonardo Augusto Martins Vargas

Leitura final: Gabriela Dal Bosco Sitta

Editoração: TIPOS – design editorial e fotografia

Reservados todos os direitos de publicação ao
GRUPO A EDUCAÇÃO S.A.
(Artmed é um selo editorial do GRUPO A EDUCAÇÃO S.A.)
Rua Ernesto Alves, 150 – Bairro Floresta
90220-190 – Porto Alegre – RS
Fone: (51) 3027-7000

SAC 0800 703 3444 – www.grupoa.com.br

É proibida a duplicação ou reprodução deste volume, no todo ou em parte, sob quaisquer formas ou por quaisquer meios (eletrônico, mecânico, gravação, fotocópia, distribuição na Web e outros), sem permissão expressa da Editora.

IMPRESSO NO BRASIL
PRINTED IN BRAZIL

AUTOR

Gley P. Costa é médico psiquiatra e psicanalista membro da Federação Psicanalítica da América Latina, da Associação Psicanalítica Internacional, da Federação Brasileira de Psicanálise e da Associação Brasileira de Psiquiatria. Também é membro fundador, titular e didata da Sociedade Brasileira de Psicanálise de Porto Alegre, professor da Fundação Universitária Mário Martins e autor de livros sobre psicanálise, como os publicados pela editora Artmed: *Dinâmica das relações conjugais* (em parceria com Gildo Katz), *A cena conjugal, Conflitos da vida real, O amor e seus labirintos* e *A clínica psicanalítica das psicopatologias contemporâneas*.

Nossa natureza reside no movimento;
a morte é o repouso absoluto.

Pascal

Dedico este livro ao que tenho de mais valioso:
minha mulher, Patrícia,
meus filhos, Rodrigo, Gabriela, Carolina e Gustavo,
meus netos, Rafael e Lucas,
minha bisneta, Mia,
meus amigos, alguns de mais de 50 anos,
e meus pacientes e meus alunos de todos os tempos.

SUMÁRIO

	Introdução	1
1	O poder da ilusão	3
2	O masculino no mundo atual	7
3	A diversidade é o destino	17
4	O terceiro no relacionamento conjugal	27
5	O significante outro	31
6	Pandemia e relacionamento conjugal	33
7	O casamento na sociedade contemporânea e as novas configurações familiares	39
8	Os desafios da infertilidade do casal	47
9	Uma novidade no atendimento de casais	58

10	A família da Idade Média aos dias atuais: relação com os filhos	64
11	O relacionamento entre irmãos	68
12	O essencial na criação dos filhos	76
13	A educação no passado e no presente: diferenças e perspectivas	79
14	A ética nas relações entre pais e filhos	90
15	Os filhos e as telas	104
16	A idade como fonte de conflitos entre pais e filhos	115
17	Vidas espelhadas	119
18	Amizade e vida psíquica	123
19	A vida precisa ser inventada	130
20	Sobre a transitoriedade da vida	138
21	A arte de envelhecer	142
22	A vida é mais vasta do que a história	150

INTRODUÇÃO

A essência da vida adulta é o amor e o trabalho. Neles residem nossas satisfações e também nossas frustrações mais importantes. Haveria uma forma de fazermos predominar as primeiras sobre as segundas? Confúcio, o pensador chinês que andou por este mundo entre 552 e 489 a.C. e que sublinhou a importância da sinceridade nas relações, disse que nós temos duas vidas: a segunda começa quando nos damos conta de que possuímos apenas uma. Freud, o descobridor das profundezas da alma, que viveu de 1856 a 1939, comentou que é difícil escapar à impressão de que em geral as pessoas buscam poder, sucesso e riqueza para si mesmas e admiram quem os tem, subestimando os autênticos valores da vida.

Mobilizados pelos ensinamentos desses dois sábios, organizamos este livro, cuja ideia central é que não existe uma vida ideal que possa ser seguida ou oferecida a outra pessoa, pois nesse caso não estaríamos dando, mas tirando a oportunidade desse indivíduo de fruir a suprema felicidade da criação. Não fosse a vivência desse sentimento, provavelmente ninguém escreveria um livro, comporia uma música ou pintaria um quadro. A insatisfação de que tantos se queixam, a busca desesperada de sucesso e a obstinada exposição em redes sociais, tão marcantes no mundo atual, são indicativos da falta de uma vida própria. Para que predominem as satisfações, não basta ter uma vida; é preciso que a sintamos como verdadeiramente nossa.

Consequentemente, a presente publicação não se enquadra no modelo de literatura de autoajuda, nem apresenta roteiros de vida para serem seguidos, mas reúne um conjunto de subsídios relacionados ao tema central – amor e trabalho – com a pretensão de levar o leitor a uma reflexão sobre as questões levantadas, configurando um verdadeiro processo criativo. Portanto, o leitor poderá escolher livremente o momento e a sequência em que lerá os capítulos. Eles não obedecem a nenhum ordenamento e têm vida própria; um não depende do outro. Por essa razão, passagens de texto foram repetidas para embasar o desenvolvimento dos assuntos abordados em diferentes capítulos.

O título do livro poderia ser *A criação da vida*, mas optamos por *A invenção da vida* porque o verbo "inventar" é mais amplo, significa não só criar, mas descobrir, elaborar, arquitetar, sendo, portanto, mais lúdico. Inventar a vida se reveste de um prazer que remete às brincadeiras da infância, quando não temíamos dar asas à imaginação. Nessa linha, sugerimos que o leitor realize a leitura sem a preocupação de fixar as ideias expostas, mas com a intenção de, a partir delas, questionar suas convicções. Por conta disso, sem dúvida as conclusões a que se chegar estarão além das considerações do autor, o que faz deste livro um ponto de partida, e não um ponto de chegada.

1

O PODER DA ILUSÃO

Em 1919, Romain Rolland escreveu a peça teatral *L'illusion*, que dedicou a Freud com as seguintes palavras: "Ao destruidor de ilusões, prof. Dr. Freud". Em resposta a Rolland, em 1927 Freud publicou o artigo *O futuro de uma ilusão*, escrito sob a forma de um diálogo sobre religião com o pastor e amigo íntimo Oskar Pfister, cujo nome, no entanto, não é revelado. Nesse artigo, Freud enfatiza que as crenças religiosas são ilusões mediante as quais o indivíduo ameniza seus sentimentos infantis de desamparo e angústia frente aos perigos da existência e ao medo da morte. Contudo, o pai da psicanálise vai mais longe: para ele, as religiões, assim como os preceitos morais, também representam a necessidade da civilização de se proteger das tendências destrutivas de seus componentes, justificando sua permanência e sua transmissão geracional.

Cabe destacar, no entanto, que a ilusão não sustenta apenas as religiões. Também precisamos reconhecer o valor dos mitos, muito mais antigos, ao revelarem a necessidade das ilusões em todos os tempos da história da humanidade. Destacou Campbell que as imagens do mito são reflexos das potencialidades espirituais de cada um de nós. Ao contemplá-las evocamos os seus poderes em nossas próprias vidas. Por esse caminho, podemos entender o fascínio que mobiliza nas pessoas o ilusionismo, uma das mais antigas artes cênicas, cujas primeiras referências remontam ao ano de 1700 a.C., no Antigo Egito.

Na literatura psicanalítica, encontramos em Winnicott uma ampliação do conceito freudiano de ilusão, sendo essa sua contribuição mais original ao estudo da natureza humana. Com o autor inglês, a ilusão assume a dimensão da criatividade, equivalente, em suas palavras, à *imaginative life*. O ponto de partida é a adaptação materna às necessidades do bebê, possibilitando a este a crença na existência de uma realidade externa que corresponde à sua própria capacidade de criar. Embora destaque no desenvolvimento da criança a importância de uma etapa seguinte de progressiva desilusão – ou seja, do reconhecimento de que possui o seio materno, mas não é esse seio –, Winnicott adverte que a área de criação da realidade da infância perdura pelo restante da vida. Estimular o brinquedo na infância é, portanto, propiciar a criatividade na vida adulta.

De fato, podemos identificar facilmente a presença da ilusão no brinquedo infantil e nas artes de maneira geral, além de, obviamente, nas religiões, como salientou Freud. Contudo, questionamos se não estaria a ilusão presente na totalidade das nossas mais corriqueiras convicções. Mais do que isso: nos perguntamos se a vida mesma não seria uma ilusão, um elo indispensável entre a segurança, o desejo e a esperança de que necessitamos para enfrentar as vicissitudes com as quais somos confrontados diariamente.

Vejamos: colocaríamos a família no carro e dirigiríamos até a praia para passar o fim de semana se não tivéssemos a ilusão de que, apesar da possibilidade, nenhum acidente vai acontecer conosco? Jogaríamos todas as semanas na Mega-Sena, como muitos o fazem, se não tivéssemos a ilusão de ganhar, mesmo sabendo que a possibilidade é de 1 em 50 milhões? Faríamos planos para se realizarem 5, 10 ou mesmo 20 anos mais tarde sem contar com a ilusão de que nenhum infortúnio vai interromper a nossa trajetória?

Julgamos que podemos ir ainda mais longe: quando João diz que tem certeza do amor de Maria por ele, por mais evidências em que possa se basear, não está apenas se iludindo em nome da segurança, do desejo e da esperança de ter para sempre a sua amada? Não é possível, ainda, que o próprio amor que João está convencido de sentir por Maria não passe de uma ilusão que será desfeita depois de um tempo, como muitos casos evidenciam?

Na verdade, o amor na vida adulta, compreendendo amar alguém e sentir-se amado por alguém, reproduz uma convicção que resulta da experiência que o ser humano vive com a mãe no início da vida. Expressões como "meu amor", "eu te amo" e demonstrações da mãe de sentir-se amada pelo bebê geram confiança no amor e conferem à criança uma importância que fica gravada em sua mente para sempre. Os pais precisam apresentar o amor aos filhos para que estes desenvolvam a ilusão de que essa experiência prazerosa poderá ser repetida nas relações com outras pessoas ao longo da vida. Como acentuou Freud, diferente da alucinação e do delírio, a ilusão encontra-se embasada na possibilidade de o desejado se tornar real.

A rigor, poderíamos nos questionar se haveria em nós algo mais poderoso do que a ilusão e se a nossa existência não consistiria, criativa e poeticamente, numa ilusão do futuro – em outras palavras, numa projeção no mundo daquilo que nossa alma almeja, incluindo, para muitos, desfrutar da eternidade em outra dimensão depois da morte. Independentemente de como cada um poderá responder a essa pergunta, gostaríamos de expressar nossa opinião de que para amar e se sentir amado é indispensável manter uma parcela de ilusão. Ela é tão necessária quanto a própria vida; aliás, ninguém sabe onde começa uma e onde termina a outra. Felizes são os relacionamentos amorosos que conservam esse sentimento por toda a vida.

Não obstante, é indispensável adicionar à ilusão uma dose de capacidade de tolerar a incerteza e, também, a frustração: ela é inevitável quando nossas mais caras ilusões fracassam. Os indivíduos que necessitam de certezas absolutas e os que apresentam baixa tolerância à frustração inibem o desenvolvimento de uma *imaginative life*, inclinando-se à concretude das experiências mundanas. Essa opção, contudo, não proporciona o tão ambicionado sentimento de segurança, tendo em vista que este resulta de uma maior capacidade de conviver com as incertezas, assim como de uma maior capacidade de tolerar as frustrações, que nos leva a persistir quando um projeto não se realiza.

Parafraseando Mario Quintana, diríamos que a ilusão é o sonho do acordado, uma certa fé em que os nossos planos vão se tornar realidade – conscientes, contudo, das eventuais decepções, frustrações e injustiças que a vida em algum momento, inevitavelmente, vai nos impor. Corresponde a levar a vida com uma certa autoconfiança, embasada nas experiências iniciais do desenvolvimento em que os nossos cuidadores nos ajudavam a manter a ilusão de que o mundo era criado pela nossa imaginação. É certo que essa onipotência do pensamento precisa adequar-se progressivamente à realidade para que o indivíduo consiga manter relacionamentos prazerosos e viver em sociedade. No entanto, não é possível manter a vida em movimento sem um pouco da ilusão de que os nossos sonhos serão realizados, inclusive os amorosos. As incertezas não são mais falhas do que as certezas se tivermos presente que a vida está sujeita a mudanças sem prévio aviso.

Num ensaio de rara beleza sobre criação artística, Cyro Martins nos diz que fantasia, imaginação e simbolização, ao se harmonizarem numa coexistência de sentidos, incitam o psiquismo a elaborar ideias, configurar imagens, construir obras. Pertence a esse consagrado escritor e psicanalista uma frase que se ajusta a este final: "O ideal é a gente poder não se sentir jamais em fim de festa e experimentar o gosto de viver no devir do dia a dia, infinito recomeçar da criação".

2

O MASCULINO NO MUNDO ATUAL

Em 1928, Freud confidenciou a seus discípulos que tudo que aprendera do desenvolvimento inicial feminino parecia-lhe insatisfatório e incerto, ou seja, a vida sexual da mulher intrigava e confundia o pai da psicanálise. Na mesma época, ele confessou que a grande pergunta à qual nunca pôde responder, apesar de, na época, seus 30 anos de estudo da alma feminina, era "O que quer a mulher?". Portanto, Freud sempre deixou claro que conhecia menos a vida sexual feminina do que a masculina, o que o levou a desenvolver uma teoria da sexualidade condizente com uma hipotética primazia fálica, conferindo ao homem uma superioridade invejada pela mulher. Aparentemente, essa suposta superioridade anatômica tem sustentado a dominação masculina observada no mundo ocidental, antes, durante e depois de Freud.

Na verdade, precisamos reconhecer que a visão de Freud foi limitada, em parte pelas perspectivas e valores dele e da cultura da época, em parte porque ainda não estavam disponíveis conhecimentos que posteriormente se acrescentariam aos antigos, corrigindo-os, alterando-os ou substituindo-os. Podemos nos lembrar de estudos recentes sobre as variações nos níveis pré-natais de hormônios andrógenos e o efeito delas no hipotálamo, os quais chamaram a atenção dos estudiosos para estados fisiológicos que, associados a certas condições ambientais na infância, podem contribuir para a definição da orientação sexual dos indivíduos. Atualmente, da mesma forma que não podemos subestimar a importância das identificações, dos conflitos e dos sintomas nas manifestações da sexualidade, para além das homo e heterossexualidades, tanto quanto das vicissitudes do difícil processo de separação-individuação, precisamos levar em consideração os avanços da epigenética que, nos últimos anos, têm ampliado o conhecimento sobre esse importante campo das relações humanas.

Devido a esses avanços, em que se destaca o fenômeno da metilação com a formação de epimarcas ancoradas junto aos genes responsáveis pela sensibilidade à testosterona, capazes de masculinizar o cérebro de meninas ou afeminar o de meninos, a antiga visão do sexo como um binário condicionado pelos cromossomas XX ou XY passou a ser questionada. Realmente, existem evidências científicas mostrando que hábitos de vida e o ambiente social em que o indivíduo encontra-se inserido podem modificar o funcionamento de seus genes, e investiga-se atualmente o caráter hereditário dessas modificações. Moshe Szyf, um pioneiro no campo da epigenética, estuda a possibilidade de os seres vivos reprogramarem seu genoma em resposta a fatores sociais, como estresse e falta de comida. Suas pesquisas indicam que os sinais bioquímicos transmitidos das mães para os filhos informam à criança em que tipo de mundo ela vai viver, mudando a expressão dos genes. O DNA não é apenas uma sequência de letras, mas um filme dinâmico em que nossas experiências vão sendo escritas. Por conta disso, tanto a sexualidade quanto o gênero devem ser enfocados mediante combinações de diferentes fatores biológicos e anímicos.

Não obstante, foi com Freud que o conceito de sexualidade se afastou da dimensão biofilogenética que tem como meta a conservação da espécie. Ele se contrapôs à ideia até então vigente de uma relação de conaturalidade entre sexo, pulsão sexual e escolha de objeto, enfatizando que o objeto da pulsão era bastante variável. Por isso, podemos dizer que Freud teve a primazia de estabelecer uma desvinculação entre sexo, gênero e sexualidade. No entanto, precisamos reconhecer que, nos amplos limites de sua maravilhosa concepção da bissexualidade inata e do polimorfismo da sexualidade infantil, Freud afastou ambos os sexos do terreno da feminilidade: os homens, por desprezo; as mulheres, por alienação invejosa do pênis. Ao mesmo tempo, desestimou uma parcela importante das fantasias femininas por parte do sexo masculino. Fantasias que, diga-se de passagem, sempre foram desmentidas pelos homens, mas que são da maior importância para a construção da subjetividade sexuada tanto masculina quanto feminina.

Na verdade, há dois grupos de fantasias. O primeiro grupo relaciona-se à inveja, sentimento universal que a mulher sente do homem e este, dela. No caso, poderíamos apontar uma verdadeira inveja da vagina, mas que, no imaginário masculino, é muito mais: é o desejo de ser uma mulher em sua plenitude. Nessa linha, o menino fantasia ser a mulher do seu pai e obter dele todas as vantagens que supõe que o pai proporciona à mãe.

O outro grupo de fantasias se relaciona com os medos que o homem sente diante de uma mulher pela importância e pelos poderes da mãe para a criança, de ambos os sexos, nas primeiras semanas, meses e anos de vida. Esses medos são menos intensos na menina pelo fato de ela se encontrar identificada com a mãe e, portanto, ter sua importância e seus poderes.

Os medos que o homem sente são basicamente três: o primeiro é perder a identidade, o segundo é perder o objeto de amor e o terceiro é perder a existência. Muitas das brincadeiras habituais das mães com os seus bebês funcionam como uma forma de elaboração precoce desses temores.

Primeiro medo: perder a identidade. Uma maneira de elaborar esse medo é por meio da brincadeira em que a mãe tapa com a mão os próprios olhos ou vira o rosto para o lado e diz: "Não quero mais te ver". A criança se desespera porque se reconhece no espelho dos olhos da mãe. A ameaça correspondente do adulto é "Você nunca mais vai me ver", ou "Eu nunca mais vou te olhar".

Segundo medo: perder o objeto de amor. A brincadeira que ilustra a elaboração desse medo é o conhecido "esconde-esconde". Essa ameaça é a mais comum no jogo amoroso dos adultos. Quem não passou um dia sem responder à mensagem do namorado ou da namorada para que ele ou ela ficasse com medo da perda?

Terceiro medo: perder a existência. Esse é o mais essencial e mais primitivo dos medos masculinos. Como é feita a brincadeira que elabora precocemente esse temor? A mãe pega a mãozinha, o bracinho ou o pezinho do bebê e diz: "Vou te comer". O medo implicado é o de ser engolfado pela mãe, voltar a fazer parte de suas entranhas e deixar de existir. Um desejo que gera um medo. Não é de graça que a relação sexual entre a mãe e o filho faz com que este se torne psicótico para sempre, o que não se observa na relação sexual entre o pai e a filha, em que pese implicar uma série de conflitos e limitações. O medo do engolfamento se encontra entre as fantasias amedrontadoras em casos de ejaculação precoce e dá sentido à expressão de caráter defensivo "Eu quero te comer", que os homens, grosseiramente, dizem às mulheres quando desejam manter uma relação sexual com elas.

Os sentimentos de inferioridade do homem, resultantes da sua incapacidade de gerar e criar bebês e do medo de ser engolfado pela mulher no ato sexual, fizeram com que, defensivamente, criasse o mito da fortaleza masculina, responsável por uma cultura em que a mulher, além de desvalorizada, é maltratada e vítima de violência quando se recusa a se submeter à dominação masculina. Por essa razão, os crimes de feminicídio têm aumentado significativamente no Rio Grande do Sul, estado cuja justiça emite uma média diária de 335 medidas protetivas de mulheres contra ex-companheiros que não aceitam sua decisão de separar-se – decisão essa que muitas vezes se deve justamente à violência doméstica.

Estaria uma maior consciência do sentido dessas defesas gerando uma desordem do masculino? Tendo os papéis de gênero perdido suas delimitações seculares, estariam os homens se sentindo desconcertados? Relacionado com esse desconcerto, tem ocorrido o movimento denominado "Papo de homem", cujo objetivo é dotar os indivíduos do sexo masculino de sentimentos equiparáveis aos das mulheres por meio de um trabalho realizado com grupos de homens. Existente em vários países, inclusive no Brasil, esse movimento busca invalidar imperativos como "Homem não chora", "Homem tem que ser forte", "Homem não demonstra sentimentos nem fraquezas" e outros tantos oriundos de uma tradição inspirada no *pater familiae* do Direito romano, do qual resultou o modelo do nosso conhecido "pai/marido provedor", bastante enfraquecido nos dias atuais, em que as mulheres contribuem com a sua força de trabalho para o sustento da família.

Essa mudança, devemos observar, interfere diretamente no papel do homem, não somente na família, em particular como pai, mas também na sociedade, sobretudo no mercado de trabalho. Aproveitando o título de um recente livro de Jacques André, diríamos que essa é uma das "desordens da vida atual": os homens encontram-se perdidos em seu papel.

Em boa medida, uma das razões dessa "desordem" remonta ao ano de 1960, quando foi lançado no mercado dos Estados Unidos o Enovid-10, o primeiro contraceptivo oral. Juntamente com a difusão dos conhecimentos psicanalíticos e os avanços da ciência, a "pílula", como até hoje são chamados todos os anticoncepcionais sintetizados, descolou a sexualidade da reprodução, vinculando o sexo ao prazer, e não mais à missão cristã de procriar. Com isso, a relação sexual entre homem e mulher deixou de ser "natural", como se considerava no passado, e passou a ser ligada ao desejo, à fantasia. Na sequência, ampliou-se o conceito de prazer sexual, sustentado pelas teorias psicanalíticas que enfatizaram a existência de uma bissexualidade inata e o consequente polimorfismo da sexualidade infantil. Num artigo de 1937, intitulado *Análise terminável e interminável*, Freud acentuou a disponibilidade potencial do ser humano tanto para a homossexualidade quanto para a heterossexualidade, em decorrência da bissexualidade inata, ao sinalizar que é bem sabido que em todos os tempos sempre houve pessoas que podem tomar como objetos sexuais membros do seu próprio sexo, bem como do sexo oposto, sem que uma das inclinações interfira na outra. Considerando que cada indivíduo só tem à sua disposição uma certa cota de libido, pela qual as duas inclinações rivais têm de lutar, ele enfatizou não estar claro por que as rivais nem sempre dividem essa cota entre si, de acordo com a sua força relativa, embora se observe essa divisão em certo número de casos. Reportando-se a essa passagem da obra de Freud, escreveu Jacques André que toda posição sexual exibida é uma comédia que deixa nos bastidores aquilo de que ela preza tanto se distinguir. Se, de todas essas posições, a heterossexualidade é a mais cômica, é porque ignora ser apenas uma posição entre outras e se toma pela norma. Nessa linha, recentemente uma conhecida atriz brasileira comentou o início de um relacionamento homossexual com as seguintes palavras: "Eu queria que ela fosse homem. Para essa atividade, sempre gostei mais de homem. Mas é mulher; gosto dela e aceito isso".

A necessidade do homem de sustentar a sua virilidade não refletiria justamente a fragilidade da heterossexualidade normativa, fruto de um construto cultural? Robert Stoller nos fala de um esforço do homem para suplantar suas características femininas resultantes da primitiva identificação com a mãe, configurando uma protofeminilidade. Segundo o autor, essa é uma tarefa muitas vezes inacabada, se julgarmos pela quantidade de efeminação ou de hipermasculinidade forçada que observamos, por exemplo, no machismo. Surge dessas considerações uma pergunta por certo inquietante nos moldes da cultura atual: considerando-se a almejada plasticidade psíquica, não seria a bissexualidade o caminho natural da sexualidade, tanto masculina quanto feminina? Tendo presente essa pergunta, no capítulo sobre diversidade que escrevemos para o livro recentemente lançado nos Estados Unidos, pela editora Routledge, sob o título *Psychoanalysis, law and society*, editado por Montagna e Harris, questionamos se a demanda de cirurgia de mudança de sexo não seria em muitos casos uma forma de subverter a bissexualidade em nome de uma linearidade imposta culturalmente.

Como reflexo desse desalinhamento entre vidas psíquicas e comportamentos sexuais, hoje é muito mais comum do que num passado recente que homens e mulheres tenham relações sexuais com parceiros dos dois sexos, simultaneamente ou em momentos diferentes. Essa mudança é observada sobretudo entre adolescentes, que se mostram com menos preconceitos do que seus pais. Dessa forma, somos levados a enfrentar a seguinte dúvida: as neuroses não estariam mais do lado da heterossexualidade do que do da bissexualidade? Com esse questionamento, nos colocamos diante do risco de afrontar as rígidas normas impostas pela cultura e de ser acusados de desconhecimento das teorias psicanalíticas. No entanto, é o próprio Freud que, há quase 100 anos, em *Algumas consequências psíquicas da diferença anatômica entre os sexos*, ponderou que todos os indivíduos humanos, em resultado de sua disposição bissexual e da herança cruzada, combinam em si características tanto masculinas quanto femininas, de modo que, à sua maneira de ver, a masculinidade e a feminilidade puras representariam construções teóricas de conteúdo incerto.

Será que teríamos de concluir que a sexualidade, principalmente a masculina, está, de fato, em desordem?

Segundo Fogel, como psicanalistas, devemos estar comprometidos com o propósito de não voltar as costas a verdades duras por serem impopulares ou não estarem de acordo com as tendências humanísticas ou outras tendências dignas de respeito da comunidade cultural ou científica. Em outras palavras, não devemos permitir que juízos morais e ideológicos se apropriem da nossa mente, propondo-nos uma tolerância respeitosa pela ambiguidade, pela contradição e até mesmo pela confusão e dispondo-nos a abranger e tentar integrar uma ampla gama de perspectivas. Precisamos considerar que as teorias são formuladas em um contexto cultural, científico e de experiências pessoais que lhes confere legitimidade. Não foi diferente com Freud, que revelou sua grande capacidade de conceber suas teorias sobre a sexualidade humana no ambiente sociocultural de sua época: uma Viena imperial com costumes burgueses e patriarcais que defendia a preservação de um ideal feminino, responsável por suas inevitáveis contradições. Isso pode ser constatado na carta que Freud enviou em 15 de novembro de 1883 a Martha, sua noiva, sustentando que "o cuidado da casa e da educação dos filhos impedem a mulher de exercer qualquer profissão".

Nessas construções teóricas fortemente influenciadas pela cultura, encontra-se o denominado "mito do amor materno": a crença largamente difundida de que os sentimentos relativos ao filho fazem parte da natureza humana. O mito de que o amor pelo filho é um sentimento inerente à condição feminina aparentemente foi uma forma de a sociedade compensar a desvalorização da mulher, em particular pela sua dedicação exclusiva ao trabalho doméstico. Dessa forma, nega-se que o amor materno, assim como o paterno, seja conquistado no convívio com a criança, podendo variar de acordo com as condições materiais, físicas e emocionais dos pais, passíveis de identificações de parte a parte. Atribuir ao amor materno uma condição inata impõe à mulher que não deseja ter filhos um sentimento de culpa muito grande, além da desvalorização do meio familiar e social, que considera essa opção uma demonstração de desamor. Também em decorrência disso, em muitos casos o reconhecimento das capacidades das mulheres se restringe à atuação em áreas que envolvem o cuidado com crianças, como a educação, a medicina e o serviço social, todas elas, aliás, muito importantes.

Por muito tempo, perdurou a convicção implicada na máxima *Mater semper certa est, pater nunquam* (Sempre há certeza sobre quem é mãe; quanto ao pai, nunca). Não obstante, nos últimos anos, avanços da ciência, como a determinação do DNA e os métodos de reprodução humana, revelaram novas configurações familiares, com articulações inéditas entre consanguinidade, filiação e parentesco. Ao mesmo tempo, modificaram-se radicalmente as posições tanto da mulher quanto do homem no que diz respeito às funções maternas e paternas, levando-nos a considerar algo há alguns anos impensável: o desejo de filho do homem em pé de igualdade com o culturalmente naturalizado desejo de filho da mulher.

É sabido que não podemos atribuir à janela a paisagem que ela nos proporciona. No entanto, no que diz respeito à maternidade e à paternidade, parece que sempre se contraria essa evidência ao se relacionarem as funções chamadas maternas e paternas ao sexo anatômico feminino e masculino dos pais, sem definir exatamente quais são essas funções nem, muito menos, levar em consideração a estrutura sexual interna dos cônjuges. As novas configurações familiares biparentais, resultantes de relacionamentos hétero, homo e transexuais, ou monoparentais, femininas e masculinas, além das estabelecidas nessas duas situações mediante procedimentos de reprodução assistida, com o uso de gametas doados e aluguel de barriga, põem em dúvida certezas e despertam, em um grande número de indivíduos, reações radicais. De outra parte, observa-se uma crescente aceitação e visibilidade desses novos arranjos sexuais e familiares. Isso impõe à psicanálise a tarefa de refletir sobre o impacto desses diferentes modos de organização familiar nos processos de subjetivação de seus membros, evitando tanto os moralismos maniqueístas quanto os posicionamentos complacentes e acríticos. Coerente com esse ponto de vista, Fiorini questiona se as crianças criadas por essas diversidades de sexo e de gênero estariam, necessariamente, alijadas dos processos de subjetivação simbólica e inserção num universo de laços sociais.

Na verdade, temos o sexo, determinado pela anatomia, configurando o homem e a mulher; o gênero caracterizando a masculinidade e a feminilidade, que têm uma base não exclusivamente orgânica; e, ainda, a escolha do objeto sexual, que poderá ser heterossexual, homossexual ou bissexual. Dessa forma, um indivíduo pode ser identificado como homem ao nascer, de acordo com os seus genitais; desenvolver, pela sua conduta e interesses, um gênero feminino; e fazer uma escolha objetal homossexual ou heterossexual, de acordo com o seu gênero e o gênero do seu parceiro. Acentuou Freud, em *A psicogênese de um caso de homossexualismo numa mulher*, escrito em 1920, que os caracteres sexuais somáticos (homem/mulher) podem não coincidir com os caracteres sexuais psíquicos (ou seja, o gênero, um conceito que ainda não existia). Para exemplificar, ele refere que pode haver um indivíduo anatomicamente masculino, com grande virilidade, que efetue uma eleição homossexual de objeto, assim como o oposto.

A Grécia Antiga, cuja mitologia nos presenteou com a metáfora mais emblemática da psicanálise, a senda edípica, tem também muito a contribuir com sua cultura, em particular com a forma como encarava a sexualidade. Convém lembrar que não havia naquele tempo termos para designar um homossexual ou um heterossexual, tendo em vista que todos os indivíduos do sexo masculino em diferentes épocas de suas vidas expressavam amor e desejo sexual por homens e mulheres, sem que tal conduta gerasse algum tipo de conflito pessoal ou social. Não obstante, os relacionamentos homossexuais obedeciam a algumas regras quanto à idade do casal, geralmente composto por um homem maduro e um púbere. Essa tradição se estendeu pelo Império Romano, em que a bissexualidade continuou sendo uma prática normativa, tanto que, com a exclusão de Cláudio, os 15 primeiros imperadores romanos mantiveram relacionamentos homo e heterossexuais. As mudanças foram ocorrendo em consonância com a difusão da moral judaico-cristã a partir do período medieval, mas não de forma definitiva. Sempre houve idas e vindas nas questões relacionadas à homossexualidade. Em pleno Renascimento italiano, as principais figuras artísticas e intelectuais mantinham uma aberta conduta bissexual. O pintor Giovanni Antonio Bazzi, por exemplo, apelidado de "Il Sodoma" por seus relacionamentos amorosos e sexuais, desfrutava de grande prestígio em Siena, Milão e Florença. Ele recebeu encomendas papais para o Palácio do Vaticano e um título honorário do papa Leão X. Ainda durante a Renascença, a Inglaterra foi palco da primeira subcultura homossexual publicamente aberta, com certos aspectos semelhantes aos da cultura *gay* dos dias de hoje, tornando-se famosas as *molly houses* de Londres, tavernas em que os homossexuais se reuniam para beber, cantar e dançar. Depois de alguns anos, esses locais foram proibidos de funcionar, voltando a ser abertos passado um tempo e, então, sendo novamente fechados, em conformidade com os ciclos de tolerância e obscuridade que se sucedem na sociedade com relação à homossexualidade.

O que provavelmente tenhamos de reconhecer é que existem inumeráveis caminhos potenciais pelos quais a corrente libidinal bissexual universal busca encontrar satisfação e integrar-se à organização psicossexual do indivíduo, o que aparentemente ocorre com mais facilidade na mulher, e que esses impulsos são responsáveis tanto pelo sofrimento neurótico quanto pelo enriquecimento psíquico. Nessa linha, acentua McDougall que o substrato bissexual dos seres humanos não somente serve para enriquecer e estabelecer os relacionamentos amorosos e sociais, mas também fornece um dos elementos aptos a estimular a atividade criativa – embora seja necessário admitir que essa mesma dimensão pode ser a causa de bloqueios criativos se os desejos bissexuais inconscientes forem fonte de conflito ou interdição. Assim, qualquer forma de predileção sexual somente deve ser considerada um problema clínico em busca de solução se for motivo de conflito e sofrimento psíquico, e somente devem ser consideradas perversas as atividades sexuais que não levam em consideração as necessidades e os desejos do parceiro.

Faz-se, portanto, necessário não apenas revelar o que de certa forma é negado pela teoria psicanalítica clássica, mas também se opor a uma aceitação incondicional de supostos básicos considerados imutáveis e caminhar na direção de uma desconstrução dos códigos simbólicos que ordenam os laços afetivos de uma sociedade hegemonicamente falocêntrica. Em outras palavras, cabe à psicanálise contemporânea abordar o amplo espectro de subjetividades que não encontram cabida na lógica binária estrita da diferença sexual homologada nos dualismos fálico-castrado e masculino-feminino, lembrando que os enunciados "Sou um homem" e "Sou uma mulher" não correspondem, necessária e linearmente, a "Desejo uma mulher" e "Desejo um homem". A questão principal já não é mais a diferença, mas a alteridade nas relações amorosas.

3
A DIVERSIDADE É O DESTINO

Escrevemos este capítulo movidos pelo mais elevado respeito ao direito de cada um de ser ele mesmo e fazer valer suas preferências amorosas e sexuais. Nossa posição, contudo, não corresponde à simples tolerância às diferenças que herdamos do Iluminismo, cujo caráter paternalista e religioso é criticado por Derrida, mas ao conceito de hospitalidade formulado por esse pensador contemporâneo, que diz que a hospitalidade pura e incondicional, a hospitalidade em si, abre-se ou está aberta previamente a alguém que não é convidado nem esperado, a quem quer que chegue como um visitante absolutamente estranho, como um recém-chegado não identificável e imprevisível – em suma, totalmente outro.

Como psicanalistas, não podemos desconhecer a dificuldade do ser humano de lidar com o outro, em particular o outro diferente, o que configura uma experiência traumática, principalmente nos primeiros anos de vida. A mesma dificuldade observamos nos povos primitivos, entre os quais o outro era visto como perigoso e ameaçador, devendo, por isso, ser eliminado. Nas duas situações, constatamos um estágio incipiente de socialização que esperamos que evolua no caminho para a vida adulta, correspondendo aos estágios avançados da civilização.

Não obstante, na prática não é o que constatamos em nosso país, líder mundial absoluto de assassinatos de transgêneros. Como consequência, o tempo médio de vida de um transgênero no Brasil é de apenas 35 anos, de acordo com a União Nacional LGBT. Um levantamento realizado pela ONG Transgender Europe (TGEU) revelou que entre outubro de 2015 e setembro de 2016 foram registrados 123 homicídios de transgêneros no Brasil, ao passo que, no mesmo período, México e Estados Unidos registraram 52 e 23, respectivamente. Tal situação, que coloca em evidência um verdadeiro barbarismo nas cidades onde vivemos, deve ser urgentemente enfrentada para que esse número não siga crescendo e para que todos os brasileiros tenham a liberdade de expor a sua verdadeira identidade e de desfrutar da sua cidadania como os demais.

Mesmo que os homossexuais ainda sejam alvo de comentários homofóbicos, sofram restrições e passem por situações de constrangimento tanto quanto os transexuais, a discriminação e a violência em relação àqueles em nossa sociedade não é tão grande quanto a observada em relação a estes, provavelmente porque um número bem mais elevado de homossexuais ocupa uma posição mais relevante em várias áreas profissionais, incluindo as artes, a cinematografia e a televisão, em que a exposição é socialmente mais aceita.

A marginalização que, em maior grau, sofrem por parte tanto da sociedade quanto da família contribui significativamente para que os transgêneros tenham uma escolaridade inferior à dos homossexuais. Um estudo realizado pela Ordem dos Advogados do Brasil (OAB) mostrou que 82% dos transgêneros não concluem seus estudos, razão pela qual muitos recorrem à prostituição como forma de se sustentar.

Constitui tarefa inarredável de todo psicanalista na atualidade estudar as novas apresentações da sexualidade, tendo presente que revisar os fundamentos da psicanálise no âmbito dessa temática implica debater e questionar os consensos a respeito das diferentes teorizações sobre a diferença sexual e das concepções de identidade de gênero. Para tanto, faz-se necessária uma psicanálise aberta a novas reflexões que leve em consideração as mudanças do mundo contemporâneo e que apresente suficiente porosidade e mobilidade de seus limites para possibilitar revisões e trocas com outros campos do saber.

Freud escreveu cerca de 30 artigos sobre sexualidade, uma produção que revela não só a importância do assunto, mas também sua complexidade, responsável por algumas contradições nas afirmativas freudianas. Numa referência ao que hoje relacionamos com o gênero, ele destacou que os sentimentos libidinais dirigidos a pessoas do mesmo sexo não desempenham, como fatores de vida psíquica normal, um papel menor do que o daqueles sentimentos que se dirigem ao sexo oposto; representam, isto sim, a liberdade de dispor livre e indiferentemente de objetos masculinos e femininos em relacionamentos amorosos.

O ponto de vista de Freud é de que os indivíduos, em resultado de uma disposição bissexual inata e da identificação cruzada com os pais, combinam em si características tanto masculinas quanto femininas. Por conta disso, a atitude sexual de homens e mulheres não se define senão depois da puberdade e é resultado de numerosos fatores, que se refletem na variedade das atitudes sexuais dos seres humanos. Como consequência, sempre houve pessoas que puderam tomar como objetos sexuais membros do seu próprio sexo, bem como do sexo oposto, sem que uma das inclinações interferisse na outra. Sendo todo ser humano bissexual, a sua libido se distribui, quer de maneira manifesta, quer de maneira latente, por objetos de ambos os sexos. Assim, conclui Freud que a masculinidade e a feminilidade puras não passam de construções teóricas de conteúdo incerto. Segundo McDougall, qualquer que seja o valor que se possa dar às diferentes teorias psicanalíticas, ao final todas concordam em situar a sexualidade num universo somatopsíquico criado pelas universais pulsões libidinais a partir dos primeiros contatos do bebê com o corpo da mãe. Isso gera já em seu nascedouro uma série de conflitos psíquicos, provocados pelo inevitável choque entre os impulsos internos do recém-nascido e as restrições da realidade externa. Por conta disso, ela enfatiza que a sexualidade é inerente e inevitavelmente traumática e força o ser humano a um eterno questionamento. A parte mais importante da contribuição dessa autora é a abordagem que faz da sexualidade arcaica, relacionada às descobertas da alteridade e da diferença entre os sexos. De acordo com esse ponto de vista, na fase edípica, nas suas dimensões homo e heterossexual, as crianças se veem frente a múltiplas frustrações e sonhos impossíveis: em particular o desejo de pertencer a ambos os sexos e possuir os genitais tanto da mãe quanto do pai. Como resultado dos universais desejos bissexuais, a homossexualidade primária da garotinha inclui seu desejo de possuir sexualmente sua mãe, de penetrar sua vagina, entrar em seu corpo e, algumas vezes, devorá-la, como um meio de posse total do objeto materno e dos seus poderes mágicos, num mundo do qual os homens estão excluídos.

Mas as fantasias da menininha também incluem o desejo de ser um homem como seu pai, de ter os seus órgãos genitais e, assim, vir a possuir todo o poder e todas as qualidades que ela lhe atribui, fazendo na vida de sua mãe o papel do pai. O menininho se imagina parceiro sexual de seu pai, fantasiando incorporar oral ou analmente o pênis paterno para que venha a possuir os órgãos genitais do pai e seus privilégios, tornando-se dessa forma um homem. Contudo, esse menininho também é invadido pela fantasia de tomar o lugar de sua mãe nas relações sexuais e obter um bebezinho do seu pai. Igualmente ele sonha ser penetrado pelo pai como imagina que a mãe o seja e também tem fantasias de penetrá-lo. Na verdade, existem inumeráveis caminhos potenciais pelos quais essa corrente libidinal bissexual universal pode encontrar expressão e, assim, ser integrada à organização psicossexual. Embora esses impulsos possam dar origem ao sofrimento neurótico ou psicótico, eles também podem simples e prontamente se transformar num fator de enriquecimento psíquico. Dessa forma, como foi acentuado anteriormente, a não ser que implique alguma forma de sofrimento psíquico, não é cabível equiparar qualquer preferência sexual a um problema clínico. Na mesma linha, devemos considerar como perversas apenas as atividades sexuais que não levam em consideração as necessidades e os desejos do parceiro. Precisamos ter presente, por fim, que a heterossexualidade é apenas uma das possibilidades da traumática e multifacetada sexualidade infantil.

Sobre o conceito de gênero

O conceito de gênero consolidou-se a partir da década de 1970 em várias áreas, como a sociologia, a antropologia, a psiquiatria, a psicanálise e a cultura como um todo. É provável que seu ponto de partida tenha sido o movimento feminista ocorrido na França, em particular o livro de Simone de Beauvoir *O segundo sexo* (1949), de onde saiu uma frase que se tornou famosa: "Ninguém nasce mulher: torna-se mulher". O gênero é constituído por comportamentos, preferências, interesses e posturas, incluindo a forma de se vestir, andar e falar, histórica e socioculturalmente estabelecidos, configurando a masculinidade e a feminilidade – nem sempre concordantes com a identidade sexual, estabelecida pela anatomia. Por conta disso, de certa forma é o outro, funcionando como um espelho falante, que confere a identidade de gênero ao indivíduo.

Uma contribuição importante para uma distinção entre sexo e gênero encontramos nos estudos pioneiros de Money, nas décadas de 1950 e 1960, sobre hermafroditismo. O autor e seus colaboradores evidenciaram que o primeiro e crucial passo para a diferenciação de gênero era a autodesignação da criança como pertencente ao sexo feminino ou masculino de acordo com a atribuição sexual e a educação, resultando nas definições de identidade de gênero (a experiência privada da função de gênero) e de função de gênero (a expressão pública da identidade de gênero). Destaca-se nos trabalhos de Money a afirmação de que a diferenciação do gênero se define a partir de 1 ano e meio de idade e de que, por volta dos 4 anos e meio, ela se encontra plena e irreversivelmente estabelecida.

Na sua relação com o sexo, o gênero, fruto de uma construção cultural, não é nem o resultado causal do sexo anatômico, nem tão fixo quanto ele, estabelecendo-se entre ambos uma descontinuidade radical. Não obstante, pergunta Butler: e o que é, afinal, o sexo? Não seria também o caráter natural da dualidade do sexo produto de um discurso científico? Suspeita essa teórica estadunidense do feminismo que o próprio construto chamado sexo seja tão culturalmente produzido quanto o gênero; a rigor, talvez o sexo sempre tenha sido o gênero, de tal forma que a distinção entre sexo e gênero revela-se absolutamente nula. De fato, Person e Ovesey acreditam que o gênero precede a sexualidade: eles afirmam que o gênero, resultante de eventos pós-natais, organiza a escolha do objeto e as fantasias sexuais.

No campo da psicanálise propriamente dita, a concepção de gênero desenvolveu-se lentamente a partir de Stoller, no final dos anos 1960, com a diferenciação entre identidade sexual, conferida pelos genitais, e identidade de gênero, dada ao indivíduo pelo ambiente, pois, segundo esse autor, ao nascer não sabemos o que é masculino ou feminino; são os pais e a sociedade que nos ensinam. Para ele, a expressão "identidade de gênero" refere-se à mescla de masculinidade e feminilidade em um indivíduo, significando que tanto a masculinidade quanto a feminilidade são encontradas em todas as pessoas, mas em formas e graus diferentes. Essa expressão corresponde a uma convicção sustentada pelos pais e pela cultura, razão pela qual ela sofre modificações no tempo e no espaço. A identidade de gênero nuclear, ainda de acordo com Stoller, é a convicção de que a designação do sexo da pessoa é anatômica e psicologicamente correta e se estabelece de forma quase inalterável em torno dos 2 ou 3 anos de idade. Os trabalhos desse autor ofereceram uma melhor compreensão dos transexuais – pessoas em que a identidade sexual e a identidade de gênero se encontram em oposição, levando-as, em alguns casos, a realizar uma mudança do sexo anatômico para corresponder ao gênero.

No pensamento de Fiorini, as mudanças na posição feminina e a maior visibilidade e aceitação das diferentes apresentações da sexualidade colocaram em discussão a teoria analítica no que diz respeito à diferença sexual, aos conceitos de masculinidade e feminilidade, à prioridade fálica, à inveja do pênis na menina e à noção de desejo, ampliando o Édipo para além do modelo de família nuclear. A proposta da autora é analisar os processos de subjetivação sexuada para além dos binarismos restritos do Édipo positivo – portanto, nos limites do complexo de Édipo completo – para que possamos historicizar aquilo que se apresenta como um axioma imutável da teoria.

Diz Butler que, na verdade, o gênero é a contínua estilização do corpo, um conjunto de atos repetidos, no interior de um quadro regulatório altamente rígido, que se cristaliza ao longo do tempo para produzir a aparência de uma maneira natural de ser. A autora contesta a noção de identidade de gênero ao afirmar que gênero não é o que somos, mas o que fazemos, e em função disso, ou seja, do que fazemos, temos o nosso corpo designado como masculino ou feminino. O gênero, portanto, é para Butler performativo e se constitui a partir de um discurso. Ela refere que o anúncio ao casal gestante "É uma menina" ou "É um menino", feito pelo médico diante da tela de um aparelho de ultrassonografia, põe em marcha o processo de fazer desse ser um corpo feminino ou masculino. Trata-se de um ato performativo que inaugura uma sequência de atos performativos que vai constituir um sujeito de sexo e de gênero. Mais do que descrever um corpo, tal declaração designa e define esse corpo, configurando uma interpelação fundante do gênero a partir de uma matriz heteronormativa, imposta por meio de dispositivos culturais e políticos hegemônicos.

Talvez possamos dizer que é descabido especificar se um determinado analista é heterossexual ou homossexual, porque tanto a heterossexualidade quanto a homossexualidade não cabem dentro de uma singularidade; elas se inscrevem sempre e inapelavelmente na pluralidade. É possível que essa especificação pouco importe. O essencial é que o psicanalista esteja livre para perder sua identidade a fim de trabalhar em todas as posições necessárias ao paciente. Não obstante, devemos ter presente que o analista, dentro e fora do seu consultório, encontra-se inapelavelmente na condição de sujeito sexuado e, portanto, subordinado aos seus próprios conflitos inconscientes relacionados com a hétero e a homossexualidade engendrados pela bissexualidade inata e pela polimorfa e traumática sexualidade infantil. Na acepção de Isay, psicanalista homossexual assumido, se o psicanalista adotar a teoria psicanalítica tradicional de que um desenvolvimento normal conduz apenas ao heterossexualismo, será difícil para ele, por mais que tente não ser preconceituoso, agir de maneira neutra. O autor vai mais longe ao sugerir que, por conta dessa posição teórica, ao não fazer as perguntas necessárias, ele bloqueará a possibilidade de ajudar seus pacientes a se sentirem menos inibidos ou terem menos conflitos com a sua homossexualidade. Ainda que não pretenda mudar a orientação sexual de seus pacientes homossexuais, ele poderá transmitir o seu preconceito por meio de comentários, sugestões, desinteresse por determinados assuntos e, até mesmo, pelo tom de voz adotado em suas intervenções.

Por outro lado, a homossexualidade do analista apresenta dificuldades transferenciais e contratransferenciais que não devem ser desconsideradas, em relação tanto a pacientes heterossexuais quanto a pacientes homossexuais. Mas a pergunta que se coloca é se as dificuldades não são as mesmas quando o analista é heterossexual, caso consigamos excluir a influência da cultura dominante na teoria e na prática psicanalíticas. Considerando a advertência de que o relacionamento analítico se baseia no amor à verdade e de que isso exclui qualquer tipo de impostura ou engano, somos obrigados a ponderar a observação de Isay de que, quando um terapeuta *gay* escolhe não revelar aos seus pacientes que é homossexual, por vergonha ou medo da exposição, ele deixa de oferecer ao paciente um modelo pessoal de integridade que é essencial para o difícil autoexame de qualquer terapia bem-sucedida. Tendo em vista a indispensável neutralidade do analista, quem sabe tenhamos de considerar que o problema não resida exatamente na revelação da homossexualidade, ou na revelação da heterossexualidade, mas no fato de o analista sentir-se envergonhado pela condição de *gay* e temer a sua exposição, evidenciando a dificuldade dos homossexuais de vencerem as barreiras impostas pelos preconceitos enraizados na cultura.

No contexto da temática da diversidade na sociedade contemporânea, sem sombra de dúvida o gênero ocupa uma posição central e paradigmática. Não obstante, uma crítica que fazemos a esse conceito é que ele mantém o caráter binário da sexualidade, cuja linearidade com o sexo anatômico estabelece um padrão de normalidade quando identidade sexual e identidade de gênero são concordantes e um desvio quando são discordantes. De certa forma, a medicina, incluindo a psiquiatria, diferentemente do que ocorria no passado, demonstra aceitar com naturalidade essa discordância, a ponto de oferecer a possibilidade de mudança cirúrgica de sexo, em muitos locais gratuitamente. Contudo, não deveríamos considerar que, nessa situação, ainda que inconscientemente, pelo menos em alguns casos, revela-se uma nova face do preconceito, representada pela ideia de um pretenso gênero verdadeiro e da respectiva sexualidade nele presumida? E ainda: não estariam alguns dos indivíduos que se submetem a esse procedimento cirúrgico – tratados, a partir de então, como pacientes – também submetidos ao preconceito da sociedade com o aval da comunidade científica? Disse um transexual que realizou essa cirurgia que não queria apenas sentir o seu corpo, mas sentir que ele era o seu corpo, em conformidade com a ordem compulsória: sexo, gênero e desejo. Uma crítica contundente a essa linearidade encontramos na feminista e escritora francesa Monique Wittig, para quem a própria morfologia seria consequência de um sistema conceitual hegemônico, propondo, por conta disso, uma "desintegração" de corpos culturalmente constituídos.

A análise de pacientes lésbicas, cuja orientação sexual, para muitos analistas, reflete uma dessexualização do corpo feminino, leva-nos a pensar na consideração de Laura Mulvey, crítica cinematográfica e feminista britânica, de que o prazer de olhar e a fascinação com o corpo feminino em seus possíveis contornos poéticos e eróticos não são uma prerrogativa apenas de homens, muito menos seguem a mesma lógica voyeurística. Se essa consideração representou uma crítica ao cinema adequada para o seu tempo, 40 anos atrás, na atualidade a sétima arte tem dado demonstrações de uma compreensão menos comprometida com as normatizações e as prescrições sociais. Como exemplo, citamos o filme do jovem e talentoso diretor canadense Xavier Dolan *Laurence anyways* (2012), no qual o protagonista, apesar de sentir-se bem com cabelos longos, lábios pintados e lindos brincos nas orelhas, ama e deseja sexualmente a sua esposa de uma forma muito intensa. Ela também o ama e o deseja profundamente, mas sucumbe ao preconceito social. Isso no primeiro momento, pois depois se rende à singularidade e à diversidade da sexualidade humana.

É preciso ter presente que, para Freud, a sexualidade não está naturalmente ligada à reprodução. Ela tem objetivos que muitas vezes não são compatíveis com a reprodução heterossexual, e isso produz um obstáculo permanente para aqueles que querem afirmar a existência de formas naturais de desejo masculino e feminino ou da própria heterossexualidade. Nessa linha, fica evidente o não comprometimento da obra freudiana com o quadro rígido das normatizações e prescrições comportamentais estabelecidas pelo conceito de gênero. A naturalização da heterossexualidade estabelece uma relação mimética do gênero com a materialidade do corpo, cria a heteronormatividade e a torna compulsória para homens e mulheres. Em que pese Freud ter enfatizado ao longo de sua obra a bissexualidade inata e o polimorfismo da sexualidade infantil, na clínica, ainda hoje, muitos terapeutas buscam encontrar uma causa para a homossexualidade, encaminhando o tratamento para a "heterossexualização" do paciente.

De acordo com os conhecimentos atuais, não faz mais sentido ater-se à concepção binária da sexualidade; é necessário contemplar um amplo espectro de subjetividades, tendo presente, como acentuamos anteriormente, que não existe uma linearidade implícita entre os gêneros masculino e feminino e a correspondente escolha do objeto sexual. A isso, agregam-se as questões relacionadas às transexualidades e, ainda, à maternidade e à paternidade, em particular ao desejo de filho, que ultrapassa o limite da mulher e do homem biologicamente considerados. Faz-se necessário, portanto, revisar a narrativa edípica para explicar os processos de subjetivação vigentes nas novas formas de viver o amor, a sexualidade e constituir uma família.

Para muitos autores atuais, a sexualidade e o gênero devem ser enfocados multidisciplinarmente. Nessa linha, perguntamos se não caberia pensar na teoria do caos, base do pensamento complexo, o qual nos permite concluir com Morin que a unificação e a homogeneização são ilusões que excluem o respeito pelas diversidades e pelas heterogeneidades. Por fim, como refere Walsh, além do reconhecimento da diversidade, o cultivo do pluralismo cultural, com compreensão mútua e respeito pelas afinidades e diferenças, representa a força que vitaliza uma sociedade. Afim com esse ponto de vista, pode-se ler no Museu do Amanhã, no Rio de Janeiro, um pequeno texto, que abaixo transcrevemos:

O amor e o afeto ocorrem de inúmeras maneiras. As relações conjugais, a familiaridade e o parentesco são os ingredientes básicos sobre os quais se assentam nossas vidas e estão presentes, de modos variados, em todas as culturas. Por isso, os ritos e costumes relativos à vida dos casais e à criação dos filhos são componentes essenciais de cada cultura. A sexualidade é um dos traços fundamentais da nossa experiência. Amar também é reconhecer e respeitar a diversidade de orientações sexuais e os direitos de homens, mulheres e crianças em todo o planeta.

4

O TERCEIRO NO RELACIONAMENTO CONJUGAL

Faz cerca de 10 anos que um amigo nos contou que, após concluir seu PhD numa universidade na França, recebeu um convite para jantar na casa de seu professor orientador. Lá chegando, foi apresentado à esposa do professor e a um homem mais moço que permaneceu todo o tempo com o casal e com ele dividiu todos os assuntos, inclusive os domésticos, não deixando dúvida de que viviam um verdadeiro *ménage à trois*. Chocava ao amigo o contraste entre a formalidade do professor, com o qual convivera por dois anos, e sua surpreendente vida conjugal, para ele francamente "devassa", segundo a conotação que buscamos imprimir no cotidiano com a expressão "*ménage à trois*". Seu significado, contudo, indica apenas a existência de um arranjo segundo o qual três pessoas (por exemplo, um casal mais um ou uma amante) compartilham relações sexuais e/ou amorosas, muitas vezes morando juntas e dividindo as tarefas domésticas: elas vivem num só *ménage*, como tudo apontou tratar-se do caso do respeitoso e respeitado professor do nosso amigo, que foi surpreendido apesar de na época da experiência já ter deixado para trás seus 50 anos de vida.

O relato enseja duas abordagens: histórica e psicanalítica. A primeira diz respeito à superposição ou confusão que, influenciados pela cultura judaico-cristã, estabelecemos entre conjugalidade e parentalidade. Embora frequentemente elas andem juntas, suas regulamentações são distintas e uma pode existir independentemente da outra. A conjugalidade configura a união entre dois sujeitos, pertencentes a sexos diferentes ou idênticos, que resulta na constituição de um terceiro elemento legal e afetivamente reversível que denominamos "casal". A parentalidade, por sua vez, implica necessariamente a existência de uma criança, sobre a qual o indivíduo assume de forma irreversível a responsabilidade legal e afetiva. Essa responsabilidade, na maioria dos casos, é assumida por um casal, os pais biológicos ou adotivos da criança, que podem viver juntos ou separados. A parentalidade, no entanto, não é necessariamente dupla, pai e mãe; pode ser exercida, inclusive legalmente, apenas por um pai ou uma mãe, biológicos ou adotivos. Além de indivíduos, também casais homoafetivos podem criar filhos, havendo casos de adoção e casos em que um dos pais é biológico. Atualmente, considera-se que o mais importante para a criança é que ela tenha suas necessidades básicas atendidas e se sinta amada, independentemente da configuração familiar.

No que diz respeito à conjugalidade, a psicanálise introduziu a importância e a inevitabilidade do terceiro nesse relacionamento. Em primeiro lugar, esse terceiro deve ser encarado, conforme assinalamos anteriormente, como uma nova entidade, resultante da união de dois indivíduos, mas diferente de ambos. O que queremos enfatizar é que o casal tem uma identidade própria, distinta da identidade de cada um dos seus integrantes. A verdade é que, de certa forma, quando casamos já não somos mais os mesmos. Essa condição determina novas escolhas, novos gostos, novas preferências e também mudanças, inclusive de amizades e de relacionamento com a família de origem, indispensáveis para o fortalecimento do casal. Sem essas mudanças, o casamento não chega a acontecer, não passa de uma aparência; mas, mesmo verdadeiro, ele perde sua inerente transitoriedade. Como diz Vinicius de Moraes a propósito do amor, no *Soneto de fidelidade*: "que não seja imortal, posto que é chama, mas que seja infinito enquanto dure".

A conjugalidade representa, portanto, uma relação amorosa, estável e de longa duração, embora potencialmente passível de término, mas que se diferencia marcadamente das demais relações por sua conotação sexual. Por conta disso, no relacionamento conjugal cabe ainda outra dimensão do terceiro, bem mais profunda em sua origem e diretamente relacionada com a sua meta principal: a obtenção do prazer sexual. Freud aventou a hipótese de que a herança arcaica do ser humano não abarca somente predisposições, mas também conteúdos, ou seja, marcas mnêmicas das vivências das gerações anteriores, que funcionariam, à maneira das categorias kantianas, conduzindo as associações do pensamento do ser humano, impondo-se às vivências atuais. Com base nessa ideia, ele descreveu as chamadas "fantasias primordiais", ou "fantasias universais herdadas", que são cinco: a volta ao ventre materno, da qual a *Pietà* de Michelangelo não deixa dúvida; a cena primária; a sedução por um adulto; a ameaça de castração; e a novela familiar.

Em relação à cena primária, que corresponde às fantasias da criança a respeito do coito dos pais, cabe destacar a ênfase em sua conotação traumática e as inibições que dela resultam na vida adulta. Não obstante, também precisamos ter presente o aspecto seminal da cena primária na criatividade do indivíduo, em particular no relacionamento sexual, que, assim como aquela, envolve inevitavelmente três personagens, sendo a criança, mais precisamente a imaginação da criança, o terceiro que vai se fazer presente na relação sexual do casal. Quando falta esse terceiro representante das fantasias infantis mobilizadas pela cena primária – obviamente não presenciada, quando se torna traumática, mas apenas imaginada –, com muita frequência um dos cônjuges, ou ambos, vai em busca desse personagem criativo numa relação fora do casamento. No passado, embora provavelmente fossem tão frequentes quanto o são agora, essas infidelidades eram guardadas a sete chaves no baú dos segredos da sociedade. Porém, atualmente, com uma maior liberdade sexual, são muitos os registros de situações em que o casal, de comum acordo, inclui na cena conjugal o representante do fantasiado coito dos pais devido à sua incapacidade de criá-lo sem a ajuda de um terceiro real. Esse provavelmente seja o caso do professor citado no início do capítulo.

O tema em apreço superpõe-se a outro ao qual se ajustaria o título de "culto e profanação", pois uma das dificuldades equivalentes à cena primária traumática, a qual gera inibições, é a culpa pelas fantasias a ela relacionadas e a consequente dissociação defensiva na relação sexual que o indivíduo pratica com a mulher representante da mãe, que é cultuada e, portanto, destituída de prazer, e naquela que ele pratica com a "outra", representante do terceiro da cena primária – que vem a ser o próprio indivíduo –, na qual o sexo é profanado. Obviamente, existe uma equivalência entre homens e mulheres no que diz respeito a esse processo defensivo, devendo-se atribuir a uma maior ou menor repressão sexual qualquer diferença que se possa observar. Portanto, é possível dizer que o prazer sexual proporcionado por meio do relacionamento conjugal depende da criação e da permanência de um terceiro.

Como ponto final, não é demais consignar que a cena primária é uma das principais fontes inspiradoras não apenas de uma sexualidade prazerosa na vida adulta, mas também das artes e da literatura de todos os tempos. Os conflitos com ela relacionados encontram-se na raiz das inibições que se verificam nas inúmeras áreas da criatividade humana. Sendo assim, devemos ter presente a importância de uma vida sexual satisfatória por parte dos casais, em particular para os filhos, que encontram nas fantasias a respeito dela subsídios para os seus relacionamentos amorosos na vida adulta e estímulo para os processos mentais relacionados com a imaginação. Disse Freud que, para ser verdadeiramente livre na vida amorosa e, por meio disso, feliz, é preciso que se tenha superado o respeito pela mulher e se familiarizado com a representação do incesto com a mãe. Sem dúvida, existe uma equivalência na psicologia da mulher, tendo como referência a figura paterna. Não podemos conceber nenhum gesto humano que não corresponda a uma representação interna, a um registro mnêmico, pois do nada só pode surgir o nada.

5

O SIGNIFICANTE OUTRO

A expressão *significant other* vem sendo utilizada principalmente no Reino Unido e nos Estados Unidos, mas também em outros países, para designar o parceiro de uma pessoa em um relacionamento íntimo sem revelar ou presumir nada sobre estado civil, identidade de gênero ou orientação sexual. Seu emprego é tanto coloquial quanto formal, como em convites de eventos, festas de empresas ou, ainda, numa correspondência hospitalar, do tipo: "*You may be accompanied for your appointment by a significant other*".*

Temos enfatizado que, em termos de relacionamento afetivo, a diversidade é o destino, tendo como ponto de partida o descolamento entre reprodução e sexualidade – ou, mais precisamente, o prazer sexual. Nessa linha, ao considerar o *significant other*, a sociedade integra na mesma expressão liberdade e respeito à diversidade, pois, como assinalou Freud, a atitude sexual definitiva do indivíduo não se define senão depois da puberdade e é o resultado de numerosos fatores, nem todos ainda conhecidos. Alguns são de natureza constitucional; outros, porém, resultam da

---

* N. de T. Em português, "Você poderá ter o acompanhamento de seu *significant other* em sua consulta".

experiência, são acidentais. Sem dúvida, alguns desses fatores podem ter tal importância que chegam a influenciar marcadamente o resultado em seu sentido. Mas, geralmente, a multiplicidade dos fatores determinantes se reflete na variedade das atitudes sexuais manifestas que se expressam nos seres humanos.

Nessa linha, não podemos deixar de consignar a importância das identificações, do conflito e dos sintomas nas manifestações da sexualidade dos indivíduos, para além das homo e heterossexualidades, das vicissitudes do difícil processo de separação-individuação e, ainda, da genética, que nos últimos anos tem ampliado o conhecimento sobre esse importante campo das relações humanas. Por meio de estudos recentes sobre o DNA, podemos aventar que a homossexualidade é um fenômeno da natureza tão biológico quanto a heterossexualidade, o que nos leva a questionar a linearidade sexo-gênero-prática sexual e a concordar com Freud quando diz que a masculinidade e a feminilidade puras são construções teóricas de conteúdo incerto.

Por tudo isso, constitui tarefa inarredável de todo psicanalista na atualidade estudar as novas apresentações da sexualidade e da parentalidade, tendo presente que revisar os fundamentos da psicanálise no âmbito dessa temática implica debater e questionar os consensos a respeito das diferentes teorizações sobre a diferença sexual, o complexo de Édipo, a inveja do pênis na mulher e o complexo de castração, assim como as concepções de identidade sexual e de gênero. Para tanto, faz-se necessária uma psicanálise aberta a novas reflexões que leve em consideração as mudanças do mundo contemporâneo e que apresente suficiente porosidade e mobilidade de seus limites para possibilitar revisões e trocas com outros campos do saber. Como enfatizamos em capítulo anterior, a unificação e a homogeneização são ilusões que excluem a liberdade e o respeito pelas diversidades e pelas heterogeneidades.

6
PANDEMIA E RELACIONAMENTO CONJUGAL

As relações conjugais são bastante complexas, e se tornaram muito mais no período em que estivemos com a vida ameaçada por uma pandemia que matava diariamente milhares de pessoas, gerava dificuldades econômicas e nos levava a arcar com algo que, do nosso ponto de vista, é muito mais comprometedor para o equilíbrio psíquico dos indivíduos do que aparenta ser. Referimo-nos ao confinamento e ao distanciamento social, que vão interferir pesadamente no relacionamento conjugal, juntamente com os outros dois fatores citados – o medo da morte e os problemas financeiros. Todos esses fatores, no conjunto, geram um basal de ansiedade na sociedade tão contagiante quanto a própria contaminação pelo coronavírus. Contudo, toda relação conjugal tem um padrão mais ou menos estável, e é esse padrão que gostaríamos de enfocar no contexto da pandemia, sem deixar de reconhecer que ela oferece, inevitavelmente, uma sobrecarga considerável a qualquer relacionamento, por melhor que seja, tendo como resultado, em muitos casos, a separação do casal, como evidenciam as estatísticas: após despencarem nos primeiros três meses de quarentena no Brasil, os divórcios consensuais em cartórios aumentaram 54% nos três meses seguintes. Apenas em junho de 2020, a alta foi de 12% em relação ao ano anterior. Considerando-se o segundo semestre de 2020, o número de divórcios foi o maior da história do país, correspondendo a um aumento de 15% em relação ao mesmo período em 2019. De acordo com o Colégio Notarial do Brasil, em 2021 o país bateu o recorde de sua série histórica, com cerca de 80.600 divórcios lavrados em cartórios. Se também considerarmos os casamentos informais, certamente veremos que o número de separações no período foi bem mais elevado. Tendo em vista esse contingente de separados e prevendo um crescimento contínuo de separações em 2022, abriu-se uma nova e já florescente oportunidade de negócio, que consiste na criação de empresas com especialistas que ofereçam orientação a recém-separados em cerca de 10 áreas prioritárias: saúde emocional, assessoria financeira, assessoria jurídica, carreira profissional, cursos, moradia, bem-estar, viagens, compras e relacionamentos.

Para fins deste estudo, didaticamente dividimos os relacionamentos conjugais, que poderíamos considerar como estáveis, independentemente de sua qualidade, em três modelos, que vamos descrever com suas eventuais consequências motivadas pela pandemia – em particular, como destacamos, o confinamento e o distanciamento social, sugeridos enfaticamente pelas autoridades sanitárias para limitar a contaminação.

O modelo 1 de relacionamento conjugal é caracterizado pelo escasso contato entre os cônjuges, mantendo cada um uma vida da qual o outro não participa ou participa muito pouco. Nesse modelo, o confinamento e o distanciamento social geram uma grande dificuldade para o casal, acostumado a manter uma distância regulamentar tanto física quanto social, propiciada pelas atividades profissionais e pela companhia de outros casais, para jantar fora, viajar ou fazer qualquer outro tipo de programa. No relacionamento desses casais, os filhos podem ocupar, e frequentemente ocupam, o papel dos amigos, qual seja, o de impedir que os cônjuges permaneçam sozinhos por muito tempo ou se envolvam um na vida do outro além de um determinado limite. Aparentemente, são esses casais os que mais se separaram e continuam se separando, até mesmo porque o vínculo que mantinham antes da pandemia era muito tênue, sustentado justamente pelo escasso relacionamento entre os cônjuges e pela presença dos amigos e dos filhos, em grande número de casos afastados fisicamente no contexto da pandemia.

Um exemplo típico encontramos em Jardel e Luana, com 48 e 46 anos de idade, respectivamente, casados há cerca de 30 e pais de dois filhos que estudam em faculdades no exterior e que, devido à pandemia, não os visitam há dois anos. Luana é proprietária de lojas de vestuário com filiais em *shoppings* da capital. Jardel é oriundo de uma cidade do interior, onde criou e desenvolveu uma grande indústria automotiva. Costumava passar parte da semana no interior e, nos fins de semana, embora em casa, permanecia pouco tempo com a esposa, sempre muito envolvida com o seu negócio. A companhia de amigas em casa ou quando saía com o marido era quase uma constante. Por interesses profissionais e por dispor de muitos recursos, o casal viajava para o exterior com grande frequência, algumas vezes juntos, na maioria das vezes separados. No verão, passavam uma temporada com os filhos e casais de amigos convidados num balneário, onde possuem uma luxuosa casa. As relações sexuais do casal, particularmente após a entrada na menopausa da esposa, tornaram-se eventuais. Do ponto de vista emocional, aparentemente Luana é mais estável, ao passo que Jardel tem uma dupla personalidade. Em casa é taciturno, mal-humorado e se mantém na maior parte do tempo isolado. Diferentemente, nas viagens de negócio, costuma se reunir com amigos e se divertir em boates. Em função da pandemia, o casal reduziu bastante suas atividades profissionais e, principalmente, suas viagens, permanecendo grande parte do tempo juntos em casa. Essa situação deu início a uma sucessão de atritos que os levaram a viver como separados dentro da mesma casa, que foi praticamente dividida em duas. Contudo, passado um tempo, ambos, mediante uma racionalização compartilhada (questões profissionais), decidiram deixar a casa e foram morar cada um num apart-hotel. A partir desse momento, restabeleceram uma comunicação amistosa pelo WhatsApp e passaram a se encontrar eventualmente. Dessa forma, parece que evitaram uma separação de fato que começava a se delinear devido ao arrastamento da pandemia.

O modelo 2 é caracterizado por um relacionamento conjugal em que o casal mantém uma vida sexual plenamente satisfatória e com muitos interesses em comum, mas suficientemente flexível para que ambos possam conservar atividades e amizades individualizadas. A flexibilidade dessas relações é o que permite ao casal enfrentar melhor situações de dificuldade de um dos cônjuges ou de ambos, como é o caso da pandemia. Nesses relacionamentos, manter um vínculo mais próximo por um tempo prolongado não oferece o receio de ser engolfado pelo outro, pois ambos prezam a individualidade, que é resgatada periodicamente. Observa-se que os casais unidos por esse modelo toleraram melhor a pandemia e, inclusive, em muitos casos, passaram a se relacionar até melhor, com mais carinho e dedicação.

Nessa linha, citamos o exemplo de Otávio e Simone, com 34 e 33 anos, respectivamente, oriundos de diferentes pequenas cidades. Tendo em vista a possibilidade de trabalhar em *home office*, apesar da diminuição dos ganhos, como forma de se protegerem do contágio pelo coronavírus, decidiram mudar-se para um pequeno sítio que possuíam no interior, onde, até então, eventualmente passavam os fins de semana. Contudo, para servir de residência, as instalações eram precárias, o que exigiu que o casal dedicasse um tempo diário para a arrumação da casa, realizando tudo, como referiram, "com as próprias mãos". Passados alguns meses, estavam surpresos e encantados com o trabalho que haviam realizado juntos, incluindo um jardim a que, por entornar a pequena casa, jocosamente deram o nome de *Jardin des Tuileries*. Dessa forma, resgataram a lembrança dos anos em que, por conta de uma bolsa de estudos, viveram em Paris, onde se conheceram e se casaram. Evidentemente, não pretendem morar o restante de suas vidas nesse local, pois ambos têm planos profissionais que aspiram realizar, mas consideram que ele revelou uma capacidade pessoal criativa que desconheciam ter, além de desfrutarem do prazer proporcionado pela atividade compartilhada, bastante rara até então, cada um ocupado com o seu computador. É provável que tenha contribuído para esse bom entendimento do casal o fato de os cônjuges serem oriundos de famílias simples e desde muito cedo terem vivido sozinhos e tomado conta de suas próprias vidas, além, evidentemente, de um relacionamento sexual prazeroso a ambos.

O modelo 3 é caracterizado por uma relação fechada e indiferenciada, que, com o isolamento e o distanciamento social ainda maiores, torna-se sumamente tóxica para o casal, e a tendência que se observa são explosões afetivas, não raro acompanhadas de agressões físicas. O isolamento social não chega a constituir uma mudança na vida desses casamentos, nem mesmo o confinamento, mas o aumento deste último, acrescido dos temores de adoecerem, agrava a patologia conjugal anterior à pandemia. Apesar disso, esses casais não costumam se separar, pois um precisa do outro para descarregar suas tensões, que com a pandemia se tornaram ainda maiores. Como consequência, o que se constata nesse modelo de vinculação conjugal, além de agressões mútuas, é uma ingestão alcoólica exacerbada, visando ao entorpecimento e ao apaziguamento da violência no relacionamento.

Ilustra esse modelo o casal formado por Augusto e Marília, ambos na faixa dos 55 anos e formados em Direito, mantendo juntos um escritório de advocacia bem-sucedido. Apesar de suas particularidades, Augusto e Marília têm diversos pontos em comum, destacando-se um funcionamento adesivo e indiferenciado. A forma de circulação da libido é paradoxal nas relações do casal, uma vez que, por um lado, se caracteriza por um apego excessivo e, por outro, por uma total desconexão afetiva. Maldavsky chamou essa forma de vínculo entre dois indivíduos de "apego desconectado", que opera à maneira de uma ventosa ou de uma sanguessuga: os corpos se encontram aderidos um ao outro por uma sensorialidade monótona que capta os processos intrassomáticos alheios. Resultado da percepção sem consciência e do desinvestimento da atenção, essa maneira de ligar-se ao outro se mantém às expensas de um desligamento do universo sensível. Como destaca o autor, o desligamento implica dotar a superfície sensível do ego com uma capa viscosa, na qual a impressão sensorial não tem eficácia. Quando um estímulo consegue atravessar essa capa de indiferença, não é captado como uma excitação qualificável, mas como uma intrusão, um golpe a que o indivíduo responde com hostilidade.

Esse critério de contato é possível detectar em Augusto e Marília, nos quais, por falta de qualificação, o universo sensível se mantém brumoso e indiferenciado. A atenção somente é despertada por estímulos incitantes, e não por um movimento libidinal dirigido para o mundo exterior. Esse funcionamento ficou bastante evidente quando, numa sessão, Marília, num acesso de fúria, insultou Augusto aos gritos, fazendo com que ele saísse do estado letárgico em que se encontrava e se conectasse com o ambiente, o que conseguiu em parte, pois ele se mostrou indiferente às acusações, dando início a uma descrição de suas experiências infantis. Apesar da piora marcante do relacionamento e das acusações de parte a parte durante as sessões ao longo de dois anos de pandemia, em nenhum momento o casal ventilou a possibilidade de uma separação.

Em resumo: durante a pandemia, no modelo 1 de relacionamento conjugal pode ocorrer um maior número de separações; no modelo 2, opostamente, o casal pode melhorar o seu relacionamento; e, por fim, no modelo 3 a pandemia pode aumentar a toxidade da relação, com a possibilidade de os cônjuges apresentarem apatia, cansaço e patologias orgânicas, como hipertensão, enfermidades autoimunes e muitas outras.

Como ponto final, gostaríamos de enfatizar alguns fatores que, quando presentes, contribuíram para preservar o relacionamento conjugal durante a pandemia. Em primeiríssimo lugar, chamamos a atenção para um bom relacionamento sexual, que, em muitos casos de que tomamos conhecimento, até melhorou desde o início da pandemia. Em segundo lugar, destacamos a capacidade de desenvolver atividades domésticas compartidas, como cozinhar, fazer reparos e arrumar a casa, cuidar do jardim e tantas outras que podem ser feitas com mais disponibilidade de tempo. Também poderíamos incluir o interesse por atividades lúdicas, como jogar cartas, ler e assistir a filmes juntos.

Não obstante, nós terapeutas temos de ter presente que todos os indivíduos, pelo longo tempo da pandemia, com um grande número de infectados e de mortes, encontram-se sobrecarregados psiquicamente, e não podemos evitar que essa sobrecarga tenha alguma repercussão nos relacionamentos conjugais, exigindo de todos mais compreensão e mais tolerância como forma de evitar os rompimentos e, inevitavelmente, os posteriores arrependimentos.

7

O CASAMENTO NA SOCIEDADE CONTEMPORÂNEA E AS NOVAS CONFIGURAÇÕES FAMILIARES

Diferentemente do que ocorria no passado, hoje constatamos no casamento uma tendência que vai generalizando-se e impondo-se: procurar formas mais igualitárias de relacionamento conjugal, propiciadas pelas exigências da vida moderna que levaram a mulher, maciçamente, para o mercado de trabalho, destacando-se em setores até há poucos anos ocupados apenas pelo sexo masculino. De acordo com estudos recentes, o número de desempregados no Brasil ainda é maior entre as mulheres, e seus ganhos, nas mesmas funções, permanecem inferiores aos dos homens. Mas essas diferenças sofreram uma redução significativa nos últimos anos. O que se observa é que, à medida que as mulheres paulatinamente passam a ocupar cargos de chefia, de direção e de presidência de companhias – há alguns anos uma posição impensável –, essa discrepância naturalmente tende a diminuir. Podendo usufruir de seu próprio dinheiro, a mulher ganhou maior autonomia e, consequentemente, mais segurança no relacionamento conjugal. Com profissão e ganhos garantidos no final do mês, o antes chamado "sexo frágil" não procura se casar para garantir o sustento financeiro nem, pela mesma razão, busca permanecer em um casamento infeliz.

Como resultado, dados fornecidos por organismos oficiais apontam um crescimento do número de lares chefiados por mulheres no Brasil, atingindo, por exemplo, 28% na região metropolitana de Porto Alegre. O que se passa é que, quando a mulher conquista sua independência econômica, mesmo que os seus ganhos sejam inferiores aos do marido, a relação de poder e a distribuição de tarefas tendem a se equilibrar, salientando as individualidades no relacionamento do casal e na relação com os filhos. Nessa condição, assim como os papéis sexuais, a maternidade e a paternidade se tornam equivalentes, complementares e indispensáveis para a obtenção do prazer, a construção de uma família e a realização de um projeto de vida compartilhado.

A descontratualização do casamento, observada no mundo atual, resultou de diversos fatores, destacando-se, além da emancipação feminina, a liberdade sexual e a valorização do amor no relacionamento conjugal. Além de propiciar a realização da maternidade e da paternidade, o casamento passou a ser considerado uma forma de obtenção de reconhecimento, de intimidade e de satisfação, principalmente sexual. Afora isso, no momento, encontra-se bem definido que não são os aspectos formais da relação dos pais que conferem aos filhos a segurança necessária para seu desenvolvimento, mas a estabilidade do vínculo afetivo, em especial dos pais em relação aos filhos, independentemente de o casal se encontrar junto ou separado.

Apesar dessas profundas mudanças, o casamento continua sendo um dos preciosos sonhos que o ser humano mais ambiciona realizar, mesmo após o fracasso de uma ou mais experiências, como evidenciam as estatísticas das mais variadas partes do mundo. Isso ocorre porque, para a obtenção do prazer, necessitamos da ação complementar de um parceiro, que, na infância, são os pais ou substitutos e, na vida adulta, o cônjuge. Nessa perspectiva é que a relação conjugal integra o processo de desenvolvimento do indivíduo, possibilitando-lhe uma ordem de satisfações impossível de ser obtida na vida de solteiro. Por sua vez, o casamento também percorre uma trajetória evolutiva, propiciando compensações às inevitáveis perdas impostas pelo envelhecimento.

De acordo com esse entendimento da relação conjugal, o recasamento pode representar uma tentativa de restabelecer o ciclo evolutivo rompido pela separação, iniciativa malvista e cerceada no passado pelo Estado, pela Igreja e pela sociedade, como forma de preservar a família e os sacramentos e de lidar com a fragilidade humana para enfrentar a separação e as perdas. Como se não bastasse, no aspecto que sempre representou a principal ameaça ao relacionamento conjugal – a infidelidade –, também observamos uma mudança: antes quase uma exclusividade do sexo masculino, ela também passou a ser praticada na mesma escala pelas mulheres, sem o risco de serem, como no passado, justificadamente punidas pelo marido, em muitas situações com o explícito ou implícito apoio da lei. Em uma pesquisa recente realizada na Alemanha, em uma população de indivíduos de 25 a 35 anos de idade, 53% das mulheres e 59% dos homens revelaram ser infiéis com os seus companheiros. Nos Estados Unidos, outra pesquisa revelou que 45 a 55% das mulheres e 55 a 65% dos homens têm um ou mais relacionamentos extraconjugais antes dos 40 anos. Evidenciando resultados próximos, uma pesquisa realizada no Brasil constatou que a infidelidade chega a 43% entre as mulheres e 60% entre os homens.

Isso quer dizer que a infidelidade está crescendo? Se considerarmos somente as mulheres, por certo teríamos que dar uma resposta positiva, descontando o fato de agora elas se sentirem mais livres para revelar suas infidelidades. Tudo indica, entretanto, que a principal razão dessa mudança é o fato de a fidelidade ter deixado de ser um valor supremo do casamento, como o foi a virgindade até um tempo que agora já vai longe. Os fatos, portanto, não evidenciam pura e simplesmente um aumento da infidelidade, mas uma mudança dos valores implícitos do casamento e o estabelecimento de mais uma igualdade entre homens e mulheres. Na verdade, existe uma evolução no sentido da fidelidade, que deixou de ser uma imposição para se tornar uma conquista do relacionamento maduro. Na nova visão do casamento, a questão do prazer é essencial, e a infidelidade ocorre quando há dificuldade de juntar amor e sexo na mesma pessoa.

Acompanhando a nova visão do casamento, o número de separações aumentou bastante. De acordo com o Instituto Brasileiro de Geografia e Estatística (IBGE), desde a década de 1970, o número de separações oficiais triplicou em nosso país. Um fato que surpreende na atualidade, representando uma verdadeira reversão do que se constatava no passado recente, é que dois terços dos processos de separação judicial são abertos pelas mulheres, estimando-se que se deve à iniciativa das mulheres pelo menos a metade dos processos de separação conjugal. Esses dados parecem encontrar respaldo na insatisfação das mulheres em relação aos maridos, conforme demonstram estudos realizados em diversos países. O resultado é que agora não são só os homens que se queixam das mulheres; elas também se queixam dos maridos, além de preferirem ficar sozinhas a manter um casamento insatisfatório – isso é o que afirmam 96% das americanas. No entanto, uma questão que não se pode deixar de lado ao abordar o crescimento do número de divórcios, viabilizando novos casamentos, é a expectativa de vida, que, entre 1920 e 1980, teve um aumento de 30 anos, aproximando-se dos 80 anos de idade em 2022.

Vivemos uma época em que, aparentemente, o casamento começa a dar mostras de se encontrar próximo de atingir a sua maturidade, passando a representar verdadeiramente aquilo que o ritual, preservado há centenas de anos, apenas simbolizou: um ato de vontade. Na maioria das vezes, o tradicional "sim" deixou de ser uma simples formalidade para representar os anseios de prazer e realização estabelecidos prévia e livremente pelos cônjuges. Como consequência, o espaço ocupado pelo casal se ampliou muitíssimo quando comparado com o lar da Idade Antiga, podendo o casal viver na mesma casa, na mesma cidade ou em casas e cidades distintas. A opção também se faz em relação aos filhos: o casal poderá decidir tê-los ou não. Outra característica das relações conjugais atuais é que ficou claro que os filhos participam da constituição da família quando marido e mulher se tornam pai e mãe, mas a separação diz respeito exclusivamente ao casamento, não aos filhos, que, mesmo após esse evento, seguem pertencendo à família originária e, na maioria das vezes, ampliam suas vidas afetivas nas novas uniões dos pais.

No passado, as relações conjugais eram mais duradouras, mas a liberdade e, principalmente, a felicidade e o prazer sexual encontravam-se sujeitos a restrições bem maiores do que na atualidade, em particular para as mulheres. Evidentemente, essa nova postura aumentou em muito o número de mulheres solteiras e descasadas inteligentes, atraentes sexualmente e bem-sucedidas na profissão. No Brasil elas atingem a casa dos 20 milhões e, nos Estados Unidos, dos 43 milhões. Contudo, muito poucas desejam voltar à condição anterior e, em vez disso, estão encontrando outras formas de se divertir e ter prazer fora do casamento. Parece que o problema maior das mulheres não é permanecerem sozinhas, mas a restrição que essa situação impõe aos seus anseios de maternidade. Esse quadro pode configurar apenas uma etapa de transição da cultura, nada garantindo que não ocorrerão outras mudanças ou, até mesmo, um retorno a formas anteriores de relacionamento, provavelmente com algumas diferenças.

De fato, em nossa experiência com indivíduos mais jovens, percebemos uma crescente valorização do verdadeiro significado da relação conjugal. A diferença é que o amor deixou de ser apenas um símbolo do casamento para representar, com o prazer proporcionado pelo sexo, uma condição indispensável para o estabelecimento e a manutenção do vínculo conjugal, correspondendo a uma evolução da cultura no sentido da integração, em especial, dos aspectos sexuais e maternos da mulher. O prazer proporcionado pelo sexo não deve constituir um ganho a mais do casamento, mas a fonte da qual emana a força que consolida o laço afetivo e garante sua qualidade.

Há 50 anos, as famílias que juntavam na mesma casa filhos de um casal de divorciados com filhos de seus relacionamentos anteriores eram numericamente insignificantes e, não raro, discriminadas. Atualmente, os recasamentos em nosso país representam 35% das famílias e, entre 10 e 20 anos, superarão percentualmente as famílias constituídas no primeiro casamento. Essa nova configuração da família constitui a segunda geração de relacionamentos familiares no mundo ocidental, sendo a primeira geração a família tradicional, chamada "nuclear", formada de pais e filhos de um primeiro casamento. Separar-se, casar-se mais uma vez e formar uma família que junta os filhos que advêm dessa ligação com os filhos dos casamentos anteriores representa uma nova concepção de convivência familiar, que, segundo a opinião de muitos, surpreende pelo resultado favorável em um número significativo de casos. Essa constatação não indica que a segunda família é melhor do que a primeira nem, muito menos, visa a subestimar o sofrimento de um lar desfeito, em particular para as crianças. Percebe-se, no entanto, que na maior parte das vezes são as dificuldades dos pais que funcionam como entrave à adaptação dos filhos às novas famílias. Da mesma forma, encontra-se bem estabelecido que o mais traumático para os filhos não é a separação dos pais, mas as brigas que levam à separação e que, por vezes, continuam apesar da separação.

Pensar que a constituição de novas famílias atende exclusivamente às necessidades dos pais consiste em uma conclusão bastante frequente, embora totalmente errada. Mesmo que sejam muitas as dificuldades que os filhos inevitavelmente enfrentam diante de um novo casamento dos pais, na maioria das vezes elas causam menos danos do que a permanência com os genitores sozinhos. Evidentemente, os filhos, principalmente os pequenos, não gostam de dividir o carinho dos pais com um estranho; apesar disso, quase sempre demonstram se sentir favorecidos quando eles conseguem refazer suas vidas. Isso ocorre porque conviver diariamente com pais afetiva e sexualmente insatisfeitos que não conseguem esconder a depressão que essa realidade acarreta é uma situação, por várias razões, geradora de culpa, em particular quando se trata de filho único. Não obstante, assim como o casal não deve responsabilizar os filhos pela continuidade da relação, deve evitar imputar a eles a responsabilidade pela decisão de um novo casamento, em que pese ter presentes as vantagens que uma decisão dessa natureza pode proporcionar para eles.

O que deve ser esclarecido é que a união será feita em nome da necessidade de manter um relacionamento estável com alguém que se ama, ressaltando-se a expectativa e o esforço verdadeiro que deverá ser empreendido para possibilitar a constituição de uma nova família. Evidentemente, se essa comunicação é feita quando existe confiança na relação e certeza na decisão, evita-se que os filhos, diante das idas e vindas, tornem-se céticos quanto à sinceridade dos vínculos conjugais. Quando pai e mãe conseguem refazer satisfatoriamente suas vidas afetivas em um novo casamento, um sentimento de esperança nas suas capacidades amorosas abranda a descrença nos relacionamentos conjugais mobilizada pela separação.

Um dos aspectos mais delicados das famílias reconstituídas é a relação dos filhos com a pessoa que é companheira do pai ou da mãe. Não é favorável para o desenvolvimento da criança os pais dizerem "Agora ele também é teu papai" ou "Agora ela também é tua mamãe". Sobrepor essas figuras gera confusão na mente da criança e dificulta a estruturação de sua personalidade. Da mesma forma, não se tornam irmãos nem meios-irmãos os filhos de diferentes relacionamentos reunidos em uma nova família, apesar de, em muitos casos, acabarem todos sob o mesmo teto. Por falta de um nome adequado para as personagens dessas novas relações familiares, não se deve atribuir um que não defina sua verdadeira identidade. A família de segunda geração não é uma simples réplica, um arremedo da família original de seus integrantes, mas uma nova experiência com características próprias, razão pela qual pode representar um enriquecimento para a vida emocional dos envolvidos. O que se tornou importante nos últimos anos é que as individualidades sejam respeitadas e que as pessoas, livres dos preconceitos a respeito do casamento e da família, amem-se e vivam felizes. Isso não quer dizer que a família não seja importante, necessária e indispensável para a estruturação psíquica do indivíduo, mas que os seus verdadeiros valores podem ser resgatados na formação de novas famílias criadas pela separação. Em grande número de casos, observa-se que as relações que se estabelecem nas famílias de segunda geração entre os filhos oriundos dos casamentos anteriores e os nascidos no casamento atual, quando os pais evitam se envolver em demasia, geralmente não oferecem maiores dificuldades, predominando um ambiente de amizade, companheirismo e respeito.

Diferentemente das relações com seus filhos, as relações do marido e da mulher com os filhos do outro costumam ser mais complicadas, provavelmente por representar um novo papel familiar que, além de carecer de melhor definição, envolve importantes aspectos competitivos. Uma razão provável consiste no fato de que o ex-cônjuge do outro se encontra representado na nova família pelos seus filhos. Alguns indivíduos elegem a pessoa com quem querem se casar, mas não se dispõem a incluir no relacionamento seus filhos. Obviamente, se os dois têm filhos de casamentos anteriores, as dificuldades costumam ser menores, mas nem por isso deixam de ocorrer. Contudo, como a adaptação a essa nova experiência depende das capacidades individuais dos cônjuges, mesmo pessoas que não têm filhos de casamentos anteriores podem estabelecer um excelente relacionamento com os filhos dos companheiros. O que não pode ser esquecido nas novas configurações familiares é que o lugar dos pais biológicos deve ser preservado para que a criança sinta que sua origem é reconhecida e sua identidade, respeitada. Quando isso ocorre, a pessoa que é companheira do pai ou da mãe se torna alvo da admiração da criança, que não teme identificar-se com os aspectos mais valorizados de sua personalidade.

Com igual importância vemos crescer no mundo contemporâneo as novas apresentações da parentalidade, ampliando as possibilidades de relacionamento familiar e de criação de filhos para além do tradicional modelo de família nuclear, patriarcal, hierárquico, vertical, monogâmico e heterossexual, que predominou ao longo do século XIX e na primeira metade do século XX. Ao abordar a diversidade e a complexidade das famílias do século XXI, refere Walsh que a definição de família deve ser expandida para abranger um novo espectro e a remodelação fluida dos padrões relacionais domésticos, lembrando que as teorias de normalidade foram construídas por grupos dominantes, reificadas pela religião ou pela ciência e usadas para patologizar os que não se enquadram nos padrões prescritos. Hoje, ao lado do modelo tradicional, além das famílias reconstituídas, referidas anteriormente, encontramos um crescente número de famílias monoparentais e, ainda, de famílias cujos cônjuges têm o mesmo sexo e cujos filhos são adotados ou nascidos por fertilização assistida e outros meios, como a barriga de aluguel.

Reivindicam o mesmo reconhecimento casais formados por parceiros transgêneros e que configuram outras apresentações da diversidade sexual e de gênero. Mesmo tendo conhecimento de que o chamado "modelo tradicional" não tem a ver com a natureza, mas com a cultura predominante, não podemos fugir de nos perguntar se essas novas configurações realmente constituem uma família, se são capazes de agir adequadamente na educação e na formação moral dos filhos e, ainda, se são capazes de criar e manter o tão almejado e valorizado sentimento de família, que, tudo indica, se firmou a partir do século XVIII. Em resposta a essas questões, enfatiza Alizade que a dupla parental heterossexual deixou de ser o elemento fundamental na educação dos filhos, predominando a capacidade de colocar em primeiro plano o amor, o sacrifício e a responsabilidade. A autora enfatiza que a introdução do conceito de função – paterna e materna – descolou da origem biológica e do sexo dos pais os indispensáveis cuidados com os filhos nas diferentes etapas do desenvolvimento e cria a noção de "função família", entendida como uma rede de sustentação que ultrapassa os limites da família nuclear convencional.

8

OS DESAFIOS DA INFERTILIDADE DO CASAL

As motivações profundas de gerar e, fundamentalmente, criar um filho encontram suas raízes na biologia, no processo de identificação com os pais e na transitoriedade da vida. Os filhos, além de mitigarem a perda dos próprios pais, ajudam a elaborar o luto relativo à própria morte. É comum os casais sem filhos apresentarem uma limitada expectativa em relação ao futuro. A falta de um filho faz com que vislumbrem um ponto-final em suas vidas e determina que vivenciem antecipadamente a solidão que a morte do outro representará. Foi o que disse Mariana, 52 anos, casada há 30, quando Carlos, o marido, 58, professor universitário e pesquisador como ela, teve o diagnóstico de câncer avançado de próstata:

> Comecei a pensar na tristeza que será a minha vida se Carlos morrer. Eu sempre pensei em ir antes dele para não ficar sozinha. Arrependo-me de não ter adotado uma criança quando tomamos conhecimento, por volta dos 10 anos de casamento, de que não poderíamos ter filhos. Carlos queria adotar, mas na época eu encarava a adoção como o reconhecimento de um fracasso e pretensiosamente pensei "Se não é meu, então

eu não quero", sem levar em conta a falta que faz um filho, principalmente quando envelhecemos e enviuvamos. Na época eu usei a carreira profissional e as viagens para me iludir, mas hoje, na mesma situação, eu não hesitaria em adotar uma criança. Um filho, mesmo adotado, preenche um vazio que eu acho que nós carregamos desde que nascemos e que aumenta ainda mais no fim da vida.

Mesmo sem se dar conta, em seu lamento, Mariana colocou em palavras mais um sentido para o anseio do ser humano de gerar filhos, que é o resgate do sentimento de unidade e segurança proporcionado pelo claustro uterino, perdido por ocasião do nascimento. Na relação com os filhos, o indivíduo busca reviver essa experiência indescritível de prazer que todas as religiões nos prometem proporcionar depois da morte. Duas esculturas de Michelangelo expressam a necessidade de preencher o vazio experimentado por Mariana: *A Virgem e o Menino* (1498/1501), que se encontra na Igreja do Amparo, em Bruges, na Bélgica, e mostra o filho deixando a proteção do manto materno e saindo para a vida; e a famosa *Pietà* (1499), considerado o mais belo mármore de toda a Roma, que se encontra na Basílica de São Pedro e mostra o filho morto novamente protegido pelo manto materno.

Estamos de acordo com Kopittke ao acentuar que a frustração do desejo de conceber um filho representa um ataque violento ao narcisismo, afetando a autoimagem, a autoestima, a sexualidade e a vida social não só da mulher, mas do casal. O sentimento de fracasso por não ser capaz de gerar filhos, como os pais, os irmãos e os amigos, mobiliza angústias, sentimentos de rivalidade e fantasias muito perturbadoras que podem levar o casal ao isolamento social e a desajustes em seu relacionamento. O sofrimento frente ao não cumprimento do mandato filo e ontogenético de dar continuidade à espécie humana e à cadeia geracional faz com que, em muitos casos, lamentavelmente o sentido da vida passe a ser obter um filho a qualquer preço.

Uma vez constatada a infertilidade do casal, os arraigados anseios de maternidade e paternidade podem ser satisfeitos tanto pela adoção, um meio que remonta às mais antigas civilizações, quanto pela reprodução assistida, um conjunto de procedimentos médicos em voga a partir das últimas décadas. No livro *Conflitos da vida real*, publicado pela Artmed em 2006, abordamos ampla e profundamente os aspectos emocionais implicados no processo de adoção, do ponto de vista tanto do adotado quanto do casal adotante, ilustrados com vários exemplos clínicos. Conforme lá foi enfatizado, a decisão de adotar uma criança pode mobilizar, como no caso relatado anteriormente, um sentimento de fracasso, mas também de desvalimento e, não raro, de culpa. Uma defesa frequente contra esses sentimentos consiste em o casal estéril registrar um recém-nascido em seu nome, supostamente para preservar a criança do conhecimento de sua condição de adotado, ou decidir aguardar o momento adequado, que nunca chega, para revelar a verdade sobre a sua origem.

Essa desculpa para evitar a realidade não deixa de ter um caráter humano, mas se vincula diretamente com o narcisismo do casal, que busca na adoção muito mais esconder uma intolerável incapacidade física do que propriamente dar e receber amor de outro ser em todas as suas etapas do desenvolvimento. Essa solução defensiva também se verifica no papel reservado à criança quando nela a mãe projeta sua imagem desvalorizada pela infertilidade. Ela terá de ser alguém importante para que a mãe, por meio dela, recupere o amor de seus pais, que considera perdido por tê-los decepcionado devido à infertilidade. Tal sentimento pode e costuma ser compartilhado pelo marido, mas a frustração que geralmente o homem enfrenta diante da impossibilidade de gerar um filho com sua mulher se relaciona, predominantemente, com a questão do nome, ou seja, da continuidade, correspondendo à fantasia de eternidade que a descendência confere. Não podemos subestimar que, quando a adoção equivale a uma defesa, o resultado não costuma ser satisfatório, porque as expectativas em relação ao adotado se tornam rígidas e muito elevadas. Por conta disso, em muitos casos as dificuldades emocionais apresentadas pelos filhos adotados têm mais a ver com as demandas internas dos pais adotivos do que com os inevitáveis conflitos vinculados às suas origens.

As incertezas com a adoção são muitas, mas o que devemos fazer é enfrentá-las. Afinal, um filho biológico também não representa muitas incertezas? O verso final de uma linda canção de Vinicius de Moraes, que diz "Não há você sem mim, eu não existo sem você", configura a dura e, ao mesmo tempo, humana realidade da relação entre casais estéreis e indivíduos adotados, capaz de gerar o mais puro e sincero amor entre pais e filhos. Portanto, devemos considerar como a base sadia da relação entre pais e filhos adotados o mútuo e pleno reconhecimento da falta, sem o qual se abre o caminho para o estabelecimento de um relacionamento patológico.

Ao lado da adoção, as atuais técnicas de reprodução assistida em muitos casos representam uma redenção para o sofrimento determinado pela infertilidade. Ao mesmo tempo, rompem com o paradigma de que um ser humano é gerado mediante relações sexuais entre um homem e uma mulher. Salienta Kopittke que, por esse meio, um ato privado de desejo e prazer transforma-se em um ato médico, programado e observado por terceiros. No imaginário do casal, a equipe técnica representa a figura parental que os autoriza a ter seus próprios filhos, passando a ocupar a posição idealizada de quem possibilita e abençoa a inclusão no mundo adulto procriativo. Adverte, no entanto, que as repetidas tentativas, aliadas ao alto custo do tratamento, podem deslocar os profissionais da condição idealizada para a posição de quem especula à custa dos casais inférteis, sem um interesse genuíno em sua tão almejada meta.

A reprodução medicamente assistida como solução para os problemas de fertilidade tem como data significativa 25 de julho de 1978, dia em que nasceu na Inglaterra Louise Brown, fruto da primeira fertilização *in vitro* bem-sucedida no mundo. Ao lado dos grandes avanços da tecnologia observados nessa área desde então, o progressivo aumento da longevidade de homens e mulheres e da própria cultura relacionada com o binômio conjugalidade-parentalidade ampliou o tema da ética nas relações entre pais e filhos para dar conta de uma nova ordem de sentimentos e conflitos psíquicos desencadeados pela gestação obtida por meios artificiais ou pela intermediação de terceiros. De uma forma bem mais visível do que na adoção, a reprodução medicamente assistida colocou em evidência a diferenciação entre o desejo de gestar e o desejo de cuidar de uma criança.

Atualmente, os métodos de reprodução assistida mais utilizados são a inseminação artificial e a fertilização *in vitro*, que podem ser homólogas ou heterólogas, entre as quais se inclui a ovodoação. Entre os aspectos significativos desse procedimento, são relevantes os fatores que favorecem ou obstaculizam a possibilidade de a mulher legitimar-se como mãe; as ações eficazes dos profissionais envolvidos, que podem incluir preconceitos, crenças, influências do imaginário social, etc.; os critérios para determinar o investimento na procriação de um filho; o luto pela fertilidade; as consequências de se reduzir a prática de ovodoação a um ato médico; o impacto das tecnologias; os problemas de ética (ligados, por exemplo, à barriga de aluguel ou à criopreservação de embriões); as mudanças nas formas vinculares e de parentalidade; os problemas de gênero, etc.

Da mesma forma, são relevantes as questões vinculares relacionadas com a ovodoação. Por exemplo, verifica-se que a gravidez passa a ser conduzida a três mãos, pela inclusão do médico e da tecnologia, ou também que uma criança poderia ter até cinco progenitores: mãe ovular, mãe gestante, mãe social, pai genético e pai social. Quer dizer, torna-se imperativo investigar que tipos de mudanças, complexidades e conflitos emocionais são introduzidos nas configurações vinculares pelas famílias que se desenvolvem com o auxílio das técnicas de fertilização assistida. Ao mesmo tempo, isso tudo está ligado aos problemas éticos e à questão do significado do desejo de ter um filho. No entanto, também devemos considerar uma perspectiva parcialmente diferente. A rigor, muitos desses problemas não são exclusivos da procriação por esses métodos; eles também são inerentes às famílias convencionais. Nesse sentido, talvez devamos pensar que agora se tornam mais visíveis ou viáveis aos profissionais. Mais ainda, podemos nos perguntar se alguns preconceitos não são expressão de como se escotomiza a percepção de certas características maternas (ou de vínculos entre pais e filhos) quando entre elas há laços biológicos, e se só as percebemos nos casos em que esses laços estão ausentes. Assim como podemos prejulgar que as gestações pelas técnicas de fertilização assistida nem sempre correspondem ao desejo genuíno de ter um filho, também podemos prejulgar ao supor que a maternidade natural seja sempre condizente com esse desejo.

A fecundação excluída do ato sexual, sendo realizada com a participação de terceiros, deu continuidade à biologia contraceptiva, mas cabe destacar que, ao passo que na contracepção a dissociação é funcional e voluntária, na infertilidade ela é um sofrimento. Sobre a delimitação entre procriação e sexualidade, acrescentamos que, se Freud apresentou um conceito mais amplo e abrangente da sexualidade, que não se restringe à reprodução, agora temos a situação inversa: meios para reprodução que transcendem o âmbito da sexualidade.

Costa, Plut e Oliveira estudaram no marco psicanalítico o material de mulheres que tiveram filho com o auxílio da ovodoação e que responderam à pesquisa realizada em 2013 por Oliveira, Rachewsky e Nicoloso. Uma dessas mulheres, denominada Arlete, buscou o tratamento de ovodoação em uma idade relativamente avançada, alguns anos depois do falecimento de seu único filho. Referiu que seu marido ignorava o tipo de tratamento que havia realizado. Relatou, ainda, que tinha economizado muito dinheiro para fazer o tratamento e que o fazia para o futuro filho. Quanto aos pensamentos sobre o tratamento e a gravidez, são relevantes suas alusões místicas e convicções sobre o poder de Deus, como se pretendesse convencer-se e induzir em outros a crença de que sua gravidez foi um milagre. Por meio dessas atitudes, observamos a tentativa de desconhecer as limitações de sua idade, a carga genética alheia e a realidade do tratamento ao qual se submeteu.

Do ponto de vista psicanalítico, o tipo de linguagem com que Arlete se expressa remete a uma realidade abstrata ou fruto da ciência, e essa deve ser a ideia que a paciente tem sobre a criação de seu filho, como se ela procurasse acreditar que o filho foi um produto divino, ou talvez de uma realidade gerada pela tecnologia, não tanto pela participação de seu esposo e pela doação de um óvulo alheio. A ideia da gravidez como milagre divino implica que o médico é visto como um modelo ideal, e ela, como duplo deste, coexistindo, portanto, com o ideal. Da mesma forma, seu marido e, como veremos, também seu filho são categorizados como auxiliares para o sucesso da iluminação divina. Também é significativa a linguagem correspondente à libido intrassomática, que se apresenta por meio de referências ao próprio corpo e à morte de seu primeiro filho e em relatos que colocam em destaque o pensamento numérico (dinheiro). Por exemplo, Arlete afirma que seu filho é o seu "patrimônio para a velhice". Pensar no filho como um patrimônio talvez dê a entender que equipara o filho a um órgão seu. Em resumo, podemos afirmar que, diante de um corpo (organismo) impossibilitado para uma gravidez natural, Arlete recorre a um número, a uma quantidade, para conservar uma tensão vital. Da mesma forma, seu modo particular de vivenciar a ovodoação consiste na construção de uma ficção que lhe permite substituir a vivência de um fracasso orgânico e a realidade dos tratamentos por uma convicção religiosa. Com isso, também desconhece o papel de seu marido na gestação, e, por sua vez, o próprio marido desconhece o caminho que a esposa percorreu para conseguir a gravidez – restando como valor para Arlete a semelhança física entre a criança e seu marido.

A relação de Arlete com seu filho se apresenta como um recurso frente a uma vivência solitária e desamparada. Isso faz supor que o filho não está investido no lugar do objeto, mas está colocado na posição de auxiliar. E, ainda, parece provável que esse filho funcione para Arlete como substituto de seu filho falecido. Acrescentamos também que, como ela economizou para o tratamento e economiza para que o filho estude, este constitui, como disse, um "patrimônio" para ela. Nesse sentido, a criança representa ou expressa uma quantidade que permite à sua mãe superar uma vivência de desvalorização e tristeza, bem como estados de impotência orgânica e afetiva. Diante da pergunta "Alguma vez você imaginou contar ao seu filho como ele foi concebido?", Arlete respondeu: "Vou dizer que fiz um tratamento e fiquei grávida dele, mas não vou contar a verdade, porque talvez um dia ele queira saber da outra mãe". A posição de Arlete é a de quem recusa não só um personagem que lhe exige dizer a verdade, mas também outro que questiona sua maternidade. Ambos os personagens constituem duplos hostis. Se combinarmos esses comentários com as referências místicas a que fizemos menção previamente, talvez possamos conjeturar que ela mesma custa a acreditar em sua própria maternidade. Aqui, então, nos perguntamos: Arlete teme que o outro não acredite que ela é a mãe ou se angustia ante a possibilidade de que o outro capte que ela não acredita muito na sua própria maternidade?

Isaura, outra paciente que fez parte da pesquisa, informou ter decidido muito rapidamente realizar o processo de ovodoação. Contou que durante a gravidez não sentia náuseas nem tinha sintomas, começando a pensar que não estava grávida, que "não havia bebê". Ao mesmo tempo, destacou que durante esse período se achava uma rainha, mas que, ao nascerem as gêmeas, se sentiu um zero à esquerda. Referiu que contratou uma pessoa para atender as filhas, pois não sabia o que fazer com elas. Por fim, relatou que leu na internet que é normal que os filhos adotivos queiram saber quem são seus pais biológicos, mas que não pretendia contar às filhas a verdade. Os relatos sobre o vínculo entre Isaura e as filhas mostram o que poderíamos denominar de "maternidade abstrata", já que ela não quer pensar sobre o tema da carga genética nem vai contar às suas filhas sobre o assunto. Quer dizer, suas filhas não parecem estar enquadradas em um vínculo sujeito-objeto no qual a mãe registre que deva atender às suas necessidades ou desejos. São colocadas na posição de auxiliares para que ela conquiste uma identificação e uma postura onipotente. É essa identificação que é destruída para Isaura assim que nascem suas filhas e ela passa a se sentir um zero à esquerda. Talvez o mais significativo seja o fato de que a perda de tal identificação tenha destruído também a sua posição materna. Em resumo, para Isaura, a verdade sobre a ovodoação se oporia ao vínculo materno-filial. Disse que não contará a elas "porque as considero minhas filhas", e acrescentou: "Vou dizer que não são minhas?". A frase subjacente ao que ela diz poderia ser formulada do seguinte modo: "Essas meninas não são minhas filhas".

Observa-se que Arlete e Isaura: (1) não conseguiram realizar uma elaboração de acordo com a decisão sobre a gestação; (2) demonstram uma tentativa de desconhecer a carga genética que é identificada como questionamento à sua maternidade; (3) têm seus filhos ocupando na relação a posição de auxiliares; (4) desconhecem a própria disfunção orgânica (gravidez e/ou velhice); (5) negam a função do marido como pai de seus filhos; (6) combinam atribuir a outra pessoa a negação da própria maternidade e não acreditar em si mesmas como mães. Além disso, no caso de Arlete, há a substituição de um filho morto. Então, de modo evidente, para ambas, a variável "óvulo alheio" não é irrelevante, mas constitui uma realidade sob a forma de um juízo que quebra seu equilíbrio narcisista. Tudo parece indicar que é muito importante ajudar mulheres (ou casais) que realizam esse tratamento a elaborar o conflito entre carga genética e maternidade (ou entre dar vida e ter um filho). Ou, então, ajudá-las a introjetar a possibilidade de que a falta da primeira não suprima a segunda. Mesmo sabendo que cada caso é particular, também é válido procurar estabelecer critérios para configurar tipos de agrupamentos, tal como fazemos no momento de definir um diagnóstico. Também é preciso atentar para possíveis diferenças entre as diversas práticas e maneiras de constituir uma família, como no caso das adoções, com características que se distinguem da procriação por ovodoação. Não convém, no entanto, descartar a identificação de problemáticas afins ou observações realizadas em determinados contextos que nos possam ser úteis para compreender fatos desenvolvidos em outros quadros.

Ao abordar a adoção, enfatizamos a importância de a criança saber sobre sua origem, já que isso é significativo para a sua identidade. Provavelmente, nos dias de hoje, sejam mais específicas as situações em que os pais adotivos ocultam essa informação de seus filhos, ainda que por muito tempo essa tenha sido a postura mais comum. O debate sobre contar ou não a origem de uma gestação se renova com a ovodoação. O relato oferecido a um filho sobre como foi concebido (ou adotado) não tem somente a função de responder à pergunta "Quem sou eu?", mas é também essencial para seu romance familiar, isto é, para que possa construir uma resposta adequada à pergunta "Quem são meus pais?". Essa pergunta, a rigor, não é mera solicitação de nomes, mas, sobretudo, uma interrogação acerca do modo como foi concebido (ou adotado), sobre quais foram os desejos e as estratégias de seus pais no momento de tomarem essa decisão.

Nas adoções, podemos questionar em que proporção o conflito é do filho, por ser adotado, e o quanto é dos pais, pelo modo como elaboraram (ou não) as causas e decisões em torno da adoção. No caso da ovodoação, a questão é similar, já que não se tratará unicamente da aceitação, pelo filho, da existência de um óvulo alheio à sua mãe, mas também será importante o destino psíquico que a mãe (ou o casal) dará ao óvulo recebido. Talvez o filho gerado dessa maneira não se questione tanto se é ou não filho de sua mãe, e sim, o quanto esta se sente sua mãe. Outra pergunta que também cabe levantar é se a ovodoação é capaz de dar fim ao sofrimento psíquico gerado pela esterilidade. É provável que, em alguns casos, a resposta seja positiva. Contudo, em outros, como os de Arlete e Isaura, observamos que, diante de uma vivência de fracasso, o acesso à ovodoação pode conduzir ao estabelecimento de estruturas defensivas fortemente arraigadas. Lebovici destaca que na mente da mulher um filho representa três diferentes registros: (1) filho da fantasia (inconsciente), (2) filho da imaginação (pré-consciente) e (3) filho da realidade. O filho da fantasia é o filho do desejo de maternidade que a menina, identificada com a mãe, na fantasia, tem com o pai. Em outras palavras, é o filho da situação edípica de toda menina. De maneira poética, podemos dizer que é o filho dos sonhos da mulher. Diferentemente, no desejo de um filho, o acento é posto sobre o produto da maternidade, que se chama filho da imaginação. Em outras palavras, o filho da imaginação é o filho da interação entre a mãe e o feto. É o filho dos devaneios da mulher e é, também, o filho portador das mensagens maternas. Contudo, quando a criança nasce, a mulher finalmente tem de se confrontar com o filho da realidade, cujo registro entra em cadeia com os registros fantasmático e imaginativo. Em condições ideais, mediante um ato sexual com o homem que ama, ao engravidar, a mulher satisfaz tanto o seu desejo de maternidade quanto o de ter um filho, que não será exatamente aquele dos seus devaneios, com o qual mantinha uma relação ideal, mas o da realidade, de certa forma um outro, um estranho que, por essa condição, a traumatizará. As técnicas medicamente assistidas de fertilização parecem atender ao desejo de maternidade, mas não conseguem resolver os conflitos da mulher com a sua infertilidade. A obtenção de um filho por essas tecnologias e, da mesma forma, pela adoção deveria ter como base uma consistente elaboração do luto pela impossibilidade de satisfazer o desejo de maternidade, representada pela esterilidade.

Tendo em vista as semelhanças possíveis na adoção e na ovodoação no que diz respeito à dificuldade de aceitação da infertilidade, gostaríamos de reproduzir o comentário que fez ao seu analista um homem cuja condição de adotado se revelou, por acaso, aos 22 anos de idade: "Será que dizer 'Eu sou Napoleão' ou 'Eu sou Deus' é muito diferente de uma pessoa afirmar que é mãe verdadeira de uma criança que não gerou? Só não sei por que o destino dos dois não é o mesmo... Ou, na verdade, quem sabe seja, se considerarmos o hospício que era a minha casa". Esse questionamento expressa uma realidade que não pode ser subestimada em todo o processo de substituição de uma criança que não pode ser concebida naturalmente, devido ao risco de se criar o cenário de uma relação mãe-filho tingida pelo despotismo psicótico e pela falta do genuíno amor ao outro. Nessa condição, não se estabelece um contexto empático favorecedor do desenvolvimento sadio da criança, que, por conta disso, para se adaptar ao mundo que a cerca, necessita recorrer a defesas patológicas.

Como ponto final, não será demais advertir que as tecnologias de reprodução humana diluem os limites entre a fantasia e a realidade, emergindo problemáticas de uma bem mais ampla complexidade. No que nos toca como psicanalistas, impõe-se o reconhecimento de que o impacto psíquico frente a essas novas formas de ascender a uma parentalidade ultrapassam os limites do nosso marco teórico, os quais precisamos articular com novos interrogantes para que possamos dar conta das demandas da clínica psicanalítica contemporânea. As técnicas de reprodução assistida proporcionam um retorno às fantasias da criança de que tudo pode ser feito, ou seja, funcionam como um reforço da onipotência do pensamento infantil, a duras custas, se não de todo, parcialmente abandonada ao longo do processo de amadurecimento emocional. Nos dias atuais, a fantasia não consistiria em ser uma filha ou um filho de outros pais, mas em haver nascido de genes de pais desconhecidos por meio das novas tecnologias de reprodução. Já não se garantem mais, como no passado, os laços biológicos na parentalidade, e cria-se uma "herança anônima" que será silenciada nas gerações sucessivas. Com razão, enfatiza Tort que esses avanços médico-tecnológicos sacodem nossas referências simbólicas ao modificar as referências que armazenamos internamente de identidade, parentesco e filiação, perguntando-se: como analisaremos as inevitáveis fantasias que se apoiam na racionalidade científica? Ou, menos do que isso, mas não sem importância: como vamos abordar a relação sexual dos casais no transcurso das técnicas de reprodução assistida por uma equipe médica, ou seja, praticada a portas abertas? Por tudo isso, como psicanalistas, precisamos nos preparar para enfrentar essas novas realidades que impactam o trabalho analítico, convocando novos referenciais teóricos para enfrentar questionamentos dos quais já não mais podemos fugir, como exemplifica Alkolombre: (1) que lugar ocupa a criança nas relações de parentesco se a sua mãe biológica é uma tia, se foi fecundada no ventre da avó, se nasceu por doação de gameta anônima ou outras variantes? (2) O que sucede se essas situações são faladas ou permanecem sob a forma de segredo? (3) Inauguram-se, dessa forma, parentescos naturais e parentescos artificiais? (4) Estamos diante de uma simples troca de "roupagens" das problemáticas familiares ou existe algo novo introduzido com as técnicas de reprodução assistida? (5) Em que medida essas intervenções sobre o corpo, que mobilizam a concretização de fantasias provenientes de representações arcaicas, podem ser processadas? (6) Aceitando que a fertilização por meios tecnológicos intensifica as demandas com predomínio narcisista, podemos considerar alguns casos como de reprodução narcisista? (7) Como vamos encarar situações que envolvam inseminação em casais homossexuais, inseminação de mulheres solteiras com sêmen de banco e uso de barriga de aluguel para obter um filho? Ao abordar essas questões, entramos em uma zona de fronteira entre os interesses e as responsabilidades individuais e os sentimentos das crianças geradas por fertilização assistida, tendo presente que precisamos nos empenhar para evitar que as crianças nascidas nesse contexto tecnológico se tornem meros filhos de demandas bizarras atendidas em clínicas de reprodução humana que, nas palavras da autora, se dedicam à "medicina do desejo".

9

UMA NOVIDADE NO ATENDIMENTO DE CASAIS

Preferimos a expressão "atendimento de casais" porque, ainda que respeitosamente, não concordamos com a corrente que sustenta a existência de uma "psicanálise de casais". Em outras palavras: o casal como "objeto unificado", "objeto casal" ou "casal paciente" configura, do nosso ponto de vista, o pressuposto de uma fantasia única no relacionamento conjugal. Na mesma linha, questionamos o conceito de "representação casal", tendo em vista que a capacidade de representar é sempre individual. Não obstante, consideramos o atendimento de casais um dos mais importantes desafios das fronteiras da psicanálise, o qual sempre estivemos prontos para enfrentar ao longo da nossa trajetória como psicanalistas. Durante esse período, procuramos sempre manter casais em tratamento, resultando numa experiência que subsidiou quatro livros que publicamos sobre o tema.

Como ponto de partida, contudo, cabe registrar que, na verdade, criamos uma maneira pessoal de realizar atendimentos com base nos conhecimentos advindos do estudo de um grande número de autores psicanalíticos, fundamentalmente Freud, e da prática analítica com pacientes adultos e, é claro, com os próprios casais. Entendemos o casamento no sentido original da palavra "casal", ou seja, um espaço ocupado por um pequeno conjunto de moradias independentes, cujos ocupantes estabelecem entre eles algumas regras. Uma delas é um contrato de convivência, nem sempre escrito, mas que no caso do relacionamento conjugal é, além disso, em grande parte escondido, tendo em vista que um não sabe integralmente as necessidades e os anseios inconscientes do outro. Como diz Ortega y Gasset, "os amores são, por essência, vida secreta".

Além desse desconhecimento, duas outras questões implicadas no relacionamento conjugal, da mesma forma importantes e aparentemente pouco consideradas, são a data do casamento e a parcialidade da escolha do cônjuge.

Em relação à data do casamento, pensamos que devemos ter presente uma significativa particularidade: uma coisa é a data da cerimônia do casamento; outra coisa é a data em que afetivamente os cônjuges se casam. Ou seja, a data da cerimônia costuma ser determinada por razões externas as mais variadas, não raro impostas aos cônjuges; e a data afetiva do casamento, por razões internas, e quem sabe, na maioria das vezes, não seja coincidente para ambos.

Com isso, queremos dizer que, ao longo da história de um casal, podemos identificar situações em que um se encontra casado e o outro ainda não, embora possa vir a se casar mais adiante, além de situações em que ambos já se encontravam casados antes mesmo da data da cerimônia de casamento. Contudo, em oposição a essas últimas situações, tivemos a oportunidade de acompanhar casais que, em que pese estarem juntos há muitos anos, nunca realmente haviam se casado, vindo o tratamento a contribuir tanto para uma separação – já existente, embora não assumida – quanto para um casamento de fato. Ambas as decisões são reveladoras de uma verdade até então não reconhecida: no primeiro caso, que não se amavam e, apesar disso, permaneciam juntos; no segundo, que se amavam, mas por alguma razão não conseguiam se entregar plenamente um ao outro.

Com a parcialidade, pretendemos destacar que não casamos com uma pessoa por inteiro, mas apenas com uma parte dela que procuramos e reconhecemos. Também precisamos ter presente que, além de com uma pessoa, nos casamos com um contexto, ressignificação da segurança representada pelos pais na infância. No entanto, não identificamos nisso um impedimento para um bom e duradouro relacionamento, caso o contexto não ocupe uma posição prioritária em relação à pessoa do cônjuge. Mas ele sempre estará presente, e mudanças significativas de contexto podem interferir no relacionamento.

Ainda em relação à parcialidade, devemos considerá-la corolário da necessária aceitação das diferenças e da alteridade – bases de uma verdadeira genitalidade. Inversamente, as famosas almas gêmeas muitas vezes representam um impedimento ao que, do nosso ponto de vista, é o mais importante na vida sexual: a livre mobilização das fantasias infantis a respeito do coito dos pais, configurando um terceiro no relacionamento conjugal. Quando falta esse componente criativo da relação sexual, um dos cônjuges, ou ambos, vai em busca desse terceiro numa relação fora do casamento. Não faltam situações em que a solução, de comum acordo, é obtida num *ménage à trois*. Em outros casos, o casal simplesmente mantém uma vida sexual destituída de prazer, resultando em um estado de desajuste conjugal, cuja causa frequentemente não é reconhecida nem enfrentada. Frente a esse sofrimento de duas pessoas, que persiste apesar de elas muitas vezes se amarem, a terapia de casal de orientação psicanalítica apresenta um considerável potencial de mudança do relacionamento sexual do casal. Nesses casos, o papel do terapeuta consiste em ajudar na liberação ou no surgimento do terceiro da cena primária e na consequente profanação da relação sexual, possibilitando aos cônjuges um novo relacionamento conjugal. No entanto, como não cansamos de enfatizar, esse novo relacionamento conjugal, para ter sucesso, deverá priorizar a alteridade e a criatividade, muito acima da unidade e da segurança, resquícios da relação infantil com os pais. Em outras palavras, o outro desconhecido e inseguro vai se sobrepor ao contexto familiar conhecido e seguro, mas impedido de prazer.

No que diz respeito à relação com os pais, é possível encontrar muitos casais que, independentemente da questão do terceiro ou, na maioria das vezes, juntamente com ela, apresentam uma dificuldade que decorre da descontinuidade promovida pela mudança do espaço endogâmico para o espaço exogâmico, representado pela relação conjugal. Observa-se que essa mudança somente é atingida após se percorrer um caminho difícil ao longo das etapas anteriores ao casamento, com barreiras que cobram para serem ultrapassadas: a elaboração de lutos, o estabelecimento de novas representações, a constituição de novas identificações e, como meta mais exitosa, o acesso a formas de maior complexidade nas relações com o outro, uma conquista que institui, como acentuamos anteriormente, a alteridade e, por via de consequência, a genitalidade adulta. Nessa caminhada, o indivíduo não encontrará jamais a almejada satisfação plena e definitiva, mas construirá sentidos para a sua vida, em uma gama infinita de possibilidades, na sua relação com o desconhecido outro. Esse é um percurso terapêutico cujo êxito depende de um trabalho por vezes prolongado, que não pode perder de vista a necessidade que todo indivíduo tem de desidealizar os pais, marcando com esse gesto a passagem da vida infantil para a vida adulta e possibilitando, por fim, o estabelecimento de uma relação conjugal prazerosa e gratificante.

Desde a sua instituição, em 1977, o divórcio no Brasil tem sido alvo de sucessivas leis visando à sua simplificação. Em paralelo, como seria de esperar, o número de divórcios tem crescido, além de eles estarem ocorrendo mais precocemente. De acordo com o IBGE, dos 331 mil divórcios judiciais e lavrados em cartório registrados no Brasil em 2020, praticamente a metade (49,8%) aconteceu entre casais que estavam juntos havia menos de 10 anos, um cenário muito diferente do de 2010, quando essa proporção era de 37,4%. Paradoxalmente, nesse mesmo período o tratamento de casais em nossa clínica apresentou uma novidade: progressivamente diminuiu o número de casais dispostos a se separarem devido a conflitos e, na mesma proporção, aumentou o número de casais dispostos a manterem o relacionamento apesar dos conflitos.

A hipótese que levantamos é que as pessoas se sentem com mais liberdade para decidir separar-se, dispensando a ajuda de um terapeuta para dar início ao processo. É provável que os aspectos sociais (menos preconceito) e econômicos (mais independência) relacionados ao divórcio tenham facilitado a tomada de decisão, optando os indivíduos por dar-se tempo para um novo relacionamento quando encontram dificuldade de continuarem juntos. Na mesma linha, encontra-se a questão dos filhos, no passado bem mais difícil de enfrentar. Na atualidade, crianças de pouca idade não desconhecem a possibilidade de os pais se separarem, como já aconteceu com parte de seus amiguinhos, e não se trata mais de um assunto tabu. Outro aspecto que com certeza aumenta o número de divórcios é que a iniciativa, que era predominantemente do homem, encontra-se na sociedade contemporânea numericamente equiparada e até mesmo superada, em determinadas condições, pela mulher. Com isso, conforme sublinhamos anteriormente, um maior número de casais que buscam tratamento não desejam separar-se, mas encontrar uma forma de viver melhor, se for possível.

Frente a essa realidade, nosso foco na terapia de casal desviou-se da tentativa de resolver conflitos, alguns de longa duração, para uma busca de maior aceitação das diferenças, muitas delas causadoras dos conflitos. A maior meta se tornou o convívio com as diferenças, resultante de um amadurecimento da personalidade. Se existe amor, vale a pena lutar para se manter junto. Quem sabe, melhor do que reclamar do passado seja encontrar novas formas para viver melhor no futuro. No lugar de manifestar queixas, que carregam resquícios da infância, propomos ao casal que exponha suas expectativas, muitas vezes desconhecidas pelo outro, que poderá ter condições de atendê-las ou não. As crises devem ser encaradas como inevitáveis, eventualmente necessárias para um novo pacto conjugal, um novo casamento sem trocar o parceiro, realizado em bases mais realísticas e com um melhor conhecimento e uma melhor aceitação do outro e de suas diferenças – portanto, mais maduro. Dessa forma, a maioria dos casais que atendemos nos últimos anos manteve-se unida, e uma parte expressiva num relacionamento muito melhor. Eles deixaram de lado as antigas brigas – com algumas mudanças, é verdade, de parte a parte – e firmaram um novo contrato conjugal, um verdadeiro novo casamento. Isso se torna possível, em boa medida, porque muitas desavenças conjugais decorrem de expectativas e demandas que o outro desconhece ou que, por variadas razões, não consegue atender. Além disso, há casos em que o indivíduo se recusa a declarar uma determinada expectativa, mas se sente frustrado se não é atendido e, por conta disso, busca também frustrar o parceiro ou a parceira. Isso vale para os dois lados, e, quando no tratamento essas situações são reconhecidas, cria-se um novo repertório de expectativas e demandas, mais ajustado às capacidades de cada um.

Um casal que atendemos provavelmente jamais teria atingido a confiança um no outro e a realização de uma vida afetivo-sexual mais criativa se a esposa não tivesse tido uma experiência extraconjugal, da qual o esposo tomou conhecimento, o que gerou uma crise que os levou a buscar um tratamento conjunto. Entendidas as razões da infidelidade, a pergunta que se impôs foi se, apesar de tudo, estavam dispostos a superar a situação, reconhecendo que já não eram mais os mesmos um para o outro. Para ser mais preciso: se estavam dispostos a se casar novamente em outras bases, no lugar de tentar restabelecer as bases da relação anterior.

Esse exemplo coloca em foco a fidelidade: uma exigência desde os primórdios inquestionável do casamento, em particular para a mulher, pois, no caso do homem, faltas nesse quesito sempre foram mais toleradas pela sociedade. Na Europa medieval, as adúlteras tinham o rosto desfigurado, com partes do nariz, das orelhas e dos lábios arrancadas. Não vai tão longe na história o tempo em que a infidelidade da mulher representava um crime contra a honra do marido, não recebendo o mesmo tratamento a condição inversa. Em que pese a permanência de uma desvantagem em relação à mulher, na atualidade assistimos na relação conjugal a uma situação mais equânime no que diz respeito à aceitação da infidelidade. Ela deixou de ser um estigma, principalmente para as mulheres, e se tornou um assunto como tantos outros em que o casal vai em busca da razão por iniciativa própria ou com a ajuda de um terapeuta de casal. A meta na relação conjugal não é mais a fidelidade, mas a sinceridade.

Nosso ponto de vista, portanto, é de que o tratamento de casais orientado psicanaliticamente não deve buscar uma reconciliação, mas um pacto em novas bases, enfim, um novo casamento que priorize ainda mais a individualidade, a história de vida de cada um, a aceitação das diferenças e a impossibilidade do conhecimento pleno do outro. Dessa forma, como ponto final, queremos afirmar que, no atendimento de casais, buscamos a união, não a ilusória unidade. Priorizamos a descontinuidade, em detrimento da continuidade, pois é separando, individualizando, que procuramos rejuntar o casal em um novo cenário.

10
A FAMÍLIA DA IDADE MÉDIA AOS DIAS ATUAIS: RELAÇÃO COM OS FILHOS

Como ponto de partida, precisamos reconhecer que o modelo de família nuclear, patriarcal, hierárquica, vertical, monogâmica e heterossexual, dominante até meados do século passado, cada vez mais cede espaço a famílias reconstituídas, com filhos do relacionamento atual e de casamentos anteriores dos cônjuges, famílias monoparentais e, ainda, famílias cujos cônjuges têm o mesmo sexo e cujos filhos são adotados ou nascidos por fertilização assistida. Constata-se, portanto, uma multiplicidade de arranjos possíveis na composição familiar. Diante dessa realidade, questionamos se essas novas configurações realmente constituem uma família, se são capazes de cumprir as indispensáveis funções da família na educação e na formação moral dos filhos e, ainda, se são capazes de conservar o tão almejado e valorizado sentimento de família.

Responder a essas perguntas não é fácil. Propomos recorrer ao mais importante filósofo da atualidade, o italiano Giorgio Agamben, não para obter uma resposta ao nosso questionamento, mas para encontrar nesse saber um ponto de vista que nos proporcione enfocar a família com mais profundidade do que habitualmente fazemos. E o ponto de vista que o filósofo nos oferece é o do homem contemporâneo, definido como aquele que mantém fixo o olhar no seu tempo para nele perceber não as luzes, mas o escuro, ou seja, aquilo que não se mostra como evidente. Sendo assim, cabe apagar as luzes de tudo aquilo que temos como claro e estabelecido sobre a família e procurar encontrar um saber contemporâneo sobre esse assunto. A medida faz sentido porque temos a tendência a considerar como natural, como óbvio, tudo aquilo que é histórico, que nos foi transmitido, que estava no mundo quando chegamos. No entanto, muitas das coisas que temos como naturais e, portanto, anteriores à cultura – por exemplo, a família ou a forma masculina ou feminina de se comportar – na verdade foram ensinadas, não são naturais e constituem uma construção cultural. Em outras palavras: o modelo de família que conhecemos não é natural, ou seja, não existiu sempre. Na verdade, esse modelo é bastante recente e, pelo que estamos vendo, já está indo embora, o que mostra outra coisa: a família não é estanque; ela se encontra em permanente mudança.

O conhecido historiador francês Philippe Ariès estudou a evolução da família por meio da pintura profana. Nesse estudo, verificamos que o sentimento de família era desconhecido na Idade Média e ainda nos séculos XV e XVI, começando a se estabelecer no século XVII e se firmando, mais definitivamente, somente a partir dos séculos XVIII e XIX. É interessante destacar que essa evolução se deu em função das mudanças do relacionamento com a criança ou, mais especificamente, com os filhos, que eram retirados da sua casa por volta dos 8 ou 9 anos de idade e levados à casa de outras famílias para serem educados, lá permanecendo até os 17, 18 ou 19 anos. A educação se fazia mediante a preparação dos jovens para algum ofício, mas eles também cumpriam tarefas domésticas, entre as quais a principal era servir a mesa (vem daí chamar de "garçom" a pessoa que atende as mesas no restaurante). Portanto, não eram os pais que educavam os filhos, e as crianças que havia nas casas não pertenciam à família; elas eram aprendizes de um ofício e trabalhavam como serviçais para adquirirem boas maneiras.

No século XII, as crianças e as mulheres não eram consideradas: as pinturas mostravam apenas homens, geralmente em algum tipo de trabalho. Depois foram incluídas as mulheres, pelo século XIV, e só mais tarde, no século XVI, as crianças. Ao mesmo tempo, as cenas retratadas nessas pinturas, que até então eram predominantemente em lugares públicos, foram para dentro das casas com a inclusão das crianças. Essa mudança coincide com o surgimento da escola, depois do século XVII, e com o cuidado dos filhos pelos próprios pais. As cenas tornaram-se domésticas, mas só bem mais tarde as casas se organizaram como as nossas. Antes, no mesmo espaço, comia-se, dormia-se e trabalhava-se. Tanto as mesas quanto as camas eram montadas diariamente para serem utilizadas e, depois, desmontadas, porque no mesmo local se trabalhava e se recebiam pessoas.

Verifica-se, portanto, que, com o interesse voltado para a criança, junto com uma situação de convívio e privacidade – previamente inexistente, porque tudo se passava no espaço público –, foi sendo gerado o que hoje identificamos como sentimento de família. Formou-se, então, o modelo de família chamado "nuclear", que predominou no século XIX e na primeira metade do século XX, formado por um pai provedor e dotado de autoridade, por uma mãe dedicada aos cuidados da casa e da prole, e pelos filhos, muitas vezes em grande número. Esse modelo perdura até nossos dias como um valor simbólico, mas sofreu, nos últimos 50 anos, profundas modificações, destacando-se a emancipação feminina, a liberdade sexual e a valorização do amor no relacionamento conjugal. Ao mesmo tempo, as relações de poder e a distribuição de tarefas se tornaram mais equilibradas no casamento, que passou a ser considerado uma forma de obtenção de reconhecimento, de intimidade e de satisfação, principalmente sexual, além de propiciar a realização da maternidade e da paternidade.

Contudo, no momento encontra-se bem definido que não são os aspectos formais das relações dos pais que conferem aos filhos a segurança necessária para o seu desenvolvimento, mas a estabilidade do vínculo afetivo, em especial dos pais em relação aos filhos, independentemente de o casal se encontrar junto ou separado. Como resultado, pode haver casal unido e pais unidos, casal separado e pais unidos, casal unido e pais separados e, por último, casal separado e pais separados. A grande dificuldade é sentida nas duas últimas condições, quando o casal não consegue desenvolver suas funções paterna e materna de forma colaborativa e integrada em benefício dos filhos. E quais são essas funções, que hoje em dia não são tão bem definidas como no passado, mas nem por isso se tornaram menos importantes? Na verdade, a dupla parental heterossexual deixou de ser o elemento fundamental na educação dos filhos, predominando a capacidade de colocar em primeiro plano o amor, o sacrifício e a responsabilidade. O conceito de função – paterna e materna – do modelo tradicional de família descolou da origem biológica e do sexo dos pais os indispensáveis cuidados com os filhos nas diferentes etapas do desenvolvimento e criou a noção de função família, entendida como uma rede de sustentação que ultrapassa os limites da família nuclear convencional com vista a conceder à criança o acesso ao universo simbólico.

Uma consideração recorrente na atualidade diz respeito à questão da função paterna e às consequências de seu declínio nas novas configurações parentais. A respeito desse tema, argumenta Fiorini que a função paterna é herdeira do *pater familie* do Direito romano, que se sustentou através dos séculos com o apoio de uma divisão hierárquica dos sexos, na qual se encontra implicada a dicotomia mãe-natureza por um lado e a pai-cultura por outro, destituindo a mulher de capacidades simbólicas por direito próprio, e não apenas quando tiver internalizado a função paterna, como muitas vezes é referido. A autora refuta a denominação de "paterna" a essa função simbólica, sugerindo a expressão "função terceira", tendo em vista que aquela é uma forma de universalizar o que é em realidade uma operação simbólica atada a um determinado tipo de sociedade e ideologia.

Ao abordar a diversidade e a complexidade das famílias do século XXI, enfatiza Walsh que a definição de família deve ser expandida para abranger um novo espectro e a remodelação fluida dos padrões relacionais domésticos, lembrando que as teorias de normalidade foram construídas por grupos dominantes, reificadas pela religião ou pela ciência e usadas para patologizar os que não se enquadram nos padrões prescritos. Atualmente, ao lado do modelo tradicional, encontramos as famílias reconstituídas, com filhos do relacionamento atual e de casamentos anteriores dos cônjuges, as famílias monoparentais e, ainda, as famílias cujos cônjuges têm o mesmo sexo e cujos filhos são adotados ou nascidos por fertilização assistida e outros meios, como a barriga de aluguel. Reivindicam o mesmo reconhecimento casais formados por parceiros transgêneros e que configuram outras apresentações da diversidade sexual e de gênero, evidenciando que o chamado "modelo tradicional" não tem a ver com a natureza do ser humano, mas com a cultura predominante. Além disso, devemos considerar as novas formas de viver o amor, a sexualidade e de constituir família, tendo presente que o desejo de filho ultrapassa o limite da mulher e do homem biológicos.

11

O RELACIONAMENTO ENTRE IRMÃOS

As relações que se estabelecem entre irmãos sem dúvida são bastante variáveis, mas em todas elas, de forma manifesta ou latente, com diferente intensidade, por um tempo ou todo o tempo, a rivalidade sempre se faz presente. O escritor Dino Segrè, também conhecido pelo pseudônimo Pitigrilli, dedicou uma de suas famosas frases ao relacionamento entre irmãos, dizendo: "São mais do que inimigos, são irmãos". Certamente, a frase não se adapta a todos os casos, mas não faltam exemplos que a confirmam mediante o relacionamento de uma vida inteira ou a partir de uma situação inusitada devido à qual os irmãos se tornam inimigos. Citamos dois casos:

> Álvaro mantinha com Benício, seu irmão mais moço, uma relação exemplar, inclusive o ajudando financeiramente a realizar um valorizado curso superior. Não obstante, Benício deixou de convidar o sócio do irmão para a sua cerimônia de casamento, em que pese conhecê-lo havia muitos anos e manter com ele um relacionamento bastante próximo. Álvaro o interpelou sobre a omissão, e o irmão respondeu que não

lhe devia satisfações sobre sua lista de convidados. Álvaro lhe informou que, se mantivesse a decisão, não compareceria ao seu casamento e, de fato, não compareceu, pois Benício não voltou atrás. A partir daquele momento, os irmãos deixaram de conviver, e, ainda que não seja possível afirmar, o destino que ambos tiveram levanta a suspeita de que não conseguiram elaborar o rompimento, por conta não apenas do ódio, mas também do sentimento de culpa. O que parece não deixar dúvida é que Benício havia colocado Álvaro na posição do seu pai (era seu provedor) e mantinha uma rivalidade muito grande com o sócio dele, colocado na posição de irmão e, na sua concepção, merecedor de mais vantagens do que ele por parte do "irmão-pai".

Os irmãos Oscar e Terêncio, com uma diferença de dois anos, durante a infância e a adolescência aparentemente mantiveram um relacionamento próximo e saudável. Tinham 20 e 18 anos de idade quando os pais se separaram. Ambos realizaram o mesmo curso superior, mas, ao passo que Oscar seguiu com sucesso a sua profissão, Terêncio optou por trabalhar com o pai em sua fábrica, que teve um expressivo crescimento ao longo de 25 anos, ao fim dos quais o pai foi obrigado a se afastar por doença e o filho acabou assumindo o comando da empresa. Além de se afastar, o pai também decidiu passar para o nome dos dois filhos as ações da fábrica e boa parte do patrimônio pessoal, igualmente valioso. Nesse momento, criou-se um impasse entre os irmãos que resultou numa verdadeira guerra patrocinada por dois importantes escritórios de advocacia em torno da seguinte questão: Terêncio considera que tem direito a uma parte maior das ações da empresa por ter contribuído para o seu crescimento; Oscar reconhece as capacidades do irmão e aceita que ele se mantenha no comando, mas pleiteia uma distribuição igualitária das ações, argumentando que o irmão na verdade se beneficiou ao trabalhar com o pai, tanto que conseguiu obter um patrimônio pessoal muito superior ao seu como resultado de um salário superior e das bonificações anuais pelos bons resultados obtidos. O verdadeiro motivo desse embate ultrapassa os valores implicados, pois de uma maneira ou de outra, com a partilha da fortuna do pai, ambos ficarão ricos. O que se encontra inconscientemente em jogo é o reconhecimento do amor do pai, que, bastante enfraquecido pela doença, e quem sabe por essa razão, omite-se de se posicionar em relação à divisão das ações da empresa. Enquanto isso, os dois filhos se digladiam numa disputa cada vez mais acirrada, negando-se inclusive a conversar e querendo cada um o seu reconhecimento: Terêncio, de ser o preferido por ter permanecido por 25 anos ao lado do pai; e Oscar, de ser igualmente ou até mesmo mais valorizado por ter ganho a vida por conta própria, sem ajuda direta do pai.

As pequenas, mas não sem consequências, tragédias dos irmãos Álvaro e Benício e Oscar e Terêncio lembram o relato bíblico do assassinato de Caim por Abel. O motivo foi o ciúme que Caim sentiu por Deus ter valorizado mais seu irmão do que a ele. Lê-se no Gênesis que, após cometer o crime, Caim passou a temer que o matassem. Quem sabe desejasse a morte, mas Deus garantiu que ninguém o mataria, supostamente para que carregasse o sentimento de culpa pelo resto de sua vida. Foi o que aparentemente ocorreu com os irmãos Álvaro e Benício: os dois se sentiram culpados pelas ações agressivas resultantes de um conflito fraterno, guardado no inconsciente desde a mais tenra infância, que veio à tona na vida adulta quando o mais jovem quis impor sua autonomia ao mais velho, sem esconder o ciúme que sentia do sócio dele, na sua maneira de ver "tratado como um filho preferido". É provável que a origem do conflito tenha sido a dupla posição de Álvaro, agindo ao mesmo tempo como irmão e como pai que dá e exige, e o posicionamento de Benício em relação a ele, ora tomado como o irmão em relação ao qual busca estabelecer uma equabilidade, ora como um pai do qual ambiciona ser o filho preferido, não tolerando a concorrência de um (fantasiado) irmão.

Dá-se o nome de fratricídio ao assassinato entre irmãos, havendo exemplos na mitologia, na literatura e na história da humanidade. Na mitologia hindu, encontramos o homicídio de Karna por Arjuna, ambos bravos guerreiros. Karna somente mais tarde descobriu que o oponente que matara era seu irmão uterino. A mitologia do Egito registra o assassinato de Osíris por seu irmão Seti, que o trouxe de volta à vida por meio da sua esposa Ísis, revelando um amor proibido de se tornar consciente. Na mitologia romana, é bastante conhecido o mito dos irmãos gêmeos Rômulo e Remo. Atirados ao mar para morrerem afogados, foram encontrados na margem do rio Tibre por uma loba que lhes deu de mamar. Como resultado de uma disputa para definir onde seria fundada a cidade de Roma, Rômulo teria matado Remo. Contudo, como é comum nos mitos, sobre esse crime correm outras versões. Uma delas conta que o assassino de Remo não foi Rômulo, mas um dos seus apoiadores. Devemos ter presente que, na maioria dos casos, os apoiadores cometem os crimes mediante uma procuração não escrita daquele que anseia pela morte de um inimigo, um adversário ou simplesmente um opositor de ideias, mesmo quando se trata de um irmão, como revela o mito citado.

Historicamente, são comuns os relatos de fratricídio em disputas pelo poder entre membros de famílias nobres. No Império Otomano, os filhos do sultão que nasciam depois do primogênito eram mortos para evitar conflitos entre irmãos. Mas também fora da nobreza sempre ocorreram fratricídios motivados por herança ou paixões, os quais são abundantes na literatura e nas produções cinematográficas. Um filme que se tornou famoso foi *Os irmãos corsos* (1941), do diretor Gregory Ratoff, baseado na obra de Alexandre Dumas intitulada *Les frères corses* (1844). Os irmãos corsos eram siameses e, embora separados fisicamente, sentiam um o que o outro sentia e acabaram se apaixonando pela mesma mulher. A competição engendrada é a mesma que se observa nos relacionamentos entre irmãos gêmeos expostos nas tragédias gregas: em *Antígona*, de Sófocles, em *Sete contra Tebas*, de Ésquilo, e em *Tebaida*, de Sêneca. A mesma temática foi levada ao teatro em 1664 por Racine, na peça *La Thébaïde*, da qual extraímos a seguinte passagem, em que Etéocles fala do irmão gêmeo Polinices:

> Não sei se algum dia meu coração serena;
> Odeio o meu irmão, não a sua soberba.
> Nós ambos sentimos um ódio obsessivo,
> Que não é fruto, Creonte, de poucos dias:
> Esse ódio nasceu conosco, e seu negro furor
> Em nossos peitos com a vida penetrou.

Fomos inimigos desde a infância mais tenra;
Mas não, nós o fomos antes mesmo de nascermos.

Na Bíblia, há a bastante conhecida parábola dos irmãos gêmeos Esaú e Jacó, que disputaram a bênção paterna da progenitura. *Esaú e Jacó* foi o penúltimo livro escrito por Machado de Assis, quatro anos antes do seu falecimento, ocorrido em 1908. A narrativa bíblica é trazida para o período e o ambiente político brasileiro de transição do império para a república por meio da relação dos irmãos gêmeos Pedro e Paulo, que se mostram não apenas diferentes, mas antagônicos e adversários em variados aspectos da vida. Além disso, como os irmãos corsos, apaixonam-se pela mesma mulher. A história machadiana revela outro aspecto da relação entre irmãos, a disputa por um espaço, que no caso de gêmeos é mais aguçada. Esse espaço, seja qual for, representa a mãe, mais precisamente o corpo da mãe. Na história bíblica de Esaú e Jacó, este último mereceu não somente a preferência materna, mas também o incentivo para se sobrepor ao irmão. Podemos entender que a competição entre dois irmãos pelo amor de uma mulher retrata o anseio de toda criança de ter a mãe só para si. A imposição da realidade de um único espaço para dois gera uma disputa entre irmãos que, no caso de gêmeos, pode iniciar antes do seu nascimento, durante a vida intrauterina, como indicam as palavras de Etéocles ao irmão Polinices na peça *La Thébaïde*.

Nos primórdios e por muito tempo os seres humanos interpretaram o nascimento de gêmeos como um presságio de desgraças, ao mesmo tempo que vislumbraram nele uma manifestação do sobrenatural. Em 1919, Freud escreveu o artigo *O inquietante*, numa referência àquela espécie de coisas assustadoras que remontam ao que é há muito conhecido, em outras palavras, ao bastante familiar. Surge, então, a pergunta: como é possível algo familiar se tornar assustador? A resposta é que o inquietante é algo que deveria permanecer oculto, mas apareceu. Diante do nascimento de gêmeos, é provável que venham à tona as fantasias fratricidas mantidas no inconsciente individual e dos povos. A relação com o sobrenatural se encontra ancorada no pensamento mágico, o qual produziu a fantasia da existência de um duplo, que é nossa alma, mediante a qual continuamos vivendo após a morte, como asseguram todas as religiões. Os gêmeos aludem a essa crença de continuar existindo em outro ser, como verificamos na história dos irmãos corsos: o que um sentia, o outro também sentia.

Como denunciam as mais variadas narrativas citadas, o fratricídio, em sua origem, implica a participação da figura paterna, subestimando ou, frequentemente, acirrando a universal e arraigada rivalidade entre irmãos com vistas a gratificações narcísicas, como sentir-se poderoso, amado e objeto de disputa. A mãe pode intervir aplacando a ira entre os irmãos, como no caso de Jocasta, na mitologia grega, ou a incentivando, como no caso de Rebeca, no Gênesis. Ela também será alvo da disputa entre os irmãos, particularmente os gêmeos, constituindo um espaço que ambos ambicionam ocupar com exclusividade. A mãe pode estar representada por outra mulher, como nos casos do filme *Os irmãos corsos* e do romance de Machado de Assis, citados anteriormente. Nos dois casos, os irmãos eram gêmeos, evidenciando a fixação em um ponto mais primitivo do desenvolvimento emocional, provavelmente por terem sido gerados num espaço que precisa ser dividido. Os filhos de Édipo e Jocasta, influenciados pela mãe, combinaram exercer o reinado conjuntamente, alternando-se no poder, mas, ao final do primeiro mandato, Etéocles se recusou a passar o trono a Polinices, dando início à luta fratricida que iriam empreender. Na narrativa bíblica, a contenda entre Esaú e Jacó se faz pelo reconhecimento da progenitura pelo pai, que procura obedecer à ordem de nascimento, mas a mãe se identifica com o excluído e usa de artimanhas para que ele usufrua das prerrogativas do primogênito.

Na vida real, somos confrontados com muitos casos que ilustram o sentido sublime da palavra "fraterno". Não faltam exemplos de irmãos que mantêm uma relação bastante carinhosa e colaborativa, independentemente de serem dois homens, um homem e uma mulher ou duas mulheres. Também observamos esse padrão de relacionamento em famílias com três, quatro e até mais irmãos. Embora não exclusivamente, esse vínculo fraternal é mais frequente entre irmãos que trabalham com independência em relação à família e entre eles, mas são conhecidas muitas empresas familiares, de pequeno, médio e grande porte, em que as relações dos pais com os filhos e destes entre si vão de satisfatórias a muito boas, eventualmente a exemplares. A razão é a mesma dos casos em que a rivalidade e as desavenças imperam, ou seja, a participação dos pais no processo, com a diferença de que aqui ela age em favor da integração e da harmonia entre os filhos. Quando os pais não subestimam a natural rivalidade entre os irmãos, eles mais facilmente encontram os meios de atenuá-la. Além disso, é necessário que os pais não usem os filhos para satisfazerem a necessidade de se sentirem poderosos, amados e objetos de disputa. O genuíno amor materno e paterno reconhece e respeita as diferenças entre os filhos, mas não as submete a uma escala de valor. Na relação de trabalho, os pais não devem estimular a competição entre os filhos e oferecer prêmios por melhor desempenho. Se algum dos filhos ambiciona maiores ganhos, ele deve se sentir com liberdade para trabalhar fora, onde a competição e a premiação por desempenho fazem parte da regra. Provavelmente, esse é um ponto com o qual muitos não vão concordar, podendo até mesmo dispor de experiências que comprovam o bom resultado de uma conduta oposta. Contudo, temos de ter presente que essa discordância atende a eventuais anseios da prole, mas retira dos pais o direito de tratar os filhos com igualdade, independentemente de suas capacidades e seus interesses. Para um pai ou uma mãe, se um filho ou uma filha é mais capaz, é mais dedicado ou produz mais, isso apenas indica que é diferente, mas não quer dizer que mereça ser tratado com distinção. Os pais não precisam se submeter a qualquer argumentação favorável ao estabelecimento de regras ou metas que possam favorecer um filho em detrimento de outro, porque um filho não tem mais valor ou menos valor do que outro; é apenas diferente. Essa postura engendra na mente dos filhos a prioridade do amor nas relações familiares, e desperta o respeito e a admiração pelos pais por demonstrarem que os filhos são mais importantes do que os negócios. É preciso reconhecer que o sentimento que confere ao indivíduo confiança em si mesmo não é ser capaz, mas ser amado.

A rivalidade entre irmãos pode ser ampliada para a relação entre indivíduos de uma mesma nação, etnia, seita ou qualquer grupo social. Nesse contexto, a figura paterna se encontra representada pelas lideranças políticas, religiosas ou de outra natureza, que podem buscar a harmonia ou, opostamente, a disputa entre os liderados como forma de conquistar o poder ou se manter nele. Tendo em vista evitar o relacionamento belicoso entre os indivíduos, faz-se necessário, em primeiro lugar, que em todas as instâncias da sociedade, a começar pela familiar, as individualidades sejam reconhecidas e mereçam o mais elevado respeito. Em segundo lugar, é preciso ter presente que a violência, em nenhuma circunstância, poderá ser banalizada e que devem ser utilizados todos os meios para abrandar os ânimos e despertar o amor entre as pessoas. O conhecimento e a cultura acessíveis indiscriminadamente a todos cumprirão a função de catalisadores dos processos de integração dos membros do mesmo grupo e entre diferentes grupos. Essas medidas preventivas, quando apontadas, costumam ser enquadradas como utópicas e deixadas de lado, ao passo que o incentivo ao ódio transita livremente nas redes sociais e em outros canais de comunicação. A questão que se coloca é se não caberia atribuir ao silêncio sobre o fratricídio, mesmo quando mitigado, a responsabilidade pela perpetuação desse verdadeiro flagelo da humanidade.

12

O ESSENCIAL NA CRIAÇÃO DOS FILHOS

Uma criança, quando nasce, é um novo ser na vida. A primeira e fundamental missão dos pais é prepará-la para se tornar um novo ser no mundo. Contudo, as etapas de crescimento devem ser observadas, evitando-se os saltos e a pressa, pois ambos encaminham a criança para a pseudomaturidade, ou seja, para uma vida de faz de conta, além de privá-la dos ganhos proporcionados pelos sucessivos estágios do desenvolvimento. Nessa linha, jocosamente, costumamos dizer que o indivíduo harmoniosa e prazerosamente constituído é aquele que tem um terço de criança para brincar, um terço de adolescente para sonhar e um terço de adulto para pagar as contas.

Existem três funções essenciais na criação dos filhos. A primeira é bastante fácil de entender, mas não tanto de exercer, pois envolve, além de paciência para não se apressar, uma boa capacidade de tolerar a incerteza sobre os recursos de que os filhos dispõem para, progressivamente, tomarem conta de suas vidas. Trata-se de uma função permanente, diríamos que diária, que começa muito cedo, sendo um exemplo da fase inicial o momento em que a mãe diz à criança "Agora você vai pegar a colher com a tua maõzinha", para levar a comida à boca; depois, "Agora você mesma vai cortar a carne", para comer; e assim por diante. Mais tarde vem a capacidade de fazer sua higiene, vestir-se, relacionar-se com outras crianças e, embora com orientação, resolver questões fora de casa por conta própria, engendrando com essa conduta a autoconfiança para enfrentar os desafios da vida. Portanto, a primeira função dos pais, como foi dito inicialmente, é preparar os filhos para se tornarem novos seres no mundo.

Mesmo tendo entendido perfeitamente a função previamente descrita, relacionada aos primeiros anos de vida, os pais perguntam se não é lícito ajudar os filhos nas etapas posteriores, em particular no início da vida adulta. Respondemos que obviamente podemos e, dentro das possibilidades, devemos ajudar os filhos em toda a nossa existência, como resultado do nosso amor materno e paterno. Porém, antes, precisamos nos questionar qual deve ser a meta dessa ajuda. Ajudar para quê? Tendo em vista o desenvolvimento físico, cognitivo, profissional e emocional, a segunda missão dos pais é ajudar os filhos a se tornarem pessoas autônomas e independentes. A autonomia reside na liberdade de se movimentar de acordo com a sua preferência ou conveniência. A independência diz respeito, em primeiro lugar, à vida econômica, mas também engloba a vida emocional. Quando faltam esses dois quesitos, o indivíduo não se sente verdadeiramente adulto, e a tendência é que ele se desvalorize do ponto de vista tanto pessoal quanto profissional, em muitos casos com repercussão no relacionamento conjugal. O fracasso nessa tarefa gera adultos ressentidos por permanecerem incapazes de atender às suas necessidades e agir de acordo com a sua vontade, comprometendo o sentimento de gratidão em relação aos pais. Como adverte Sacks, é o destino de todo indivíduo ser uma pessoa única, encontrar seu próprio caminho, viver sua própria vida, morrer sua própria morte.

Por fim, a terceira e mais sutil missão consiste em fazer os filhos entenderem que a vida de cada um precisa ser inventada, que ela não segue um roteiro preestabelecido nem pode ser preparada pelos pais. Essa tarefa se mostra muito difícil na prática, não só, mas principalmente, quando os pais dispõem de muitos recursos. Eles não querem que os filhos passem por dificuldades, eventualmente as dificuldades por que eles mesmos passaram. Outras vezes, sentem-se culpados se não oferecem aos filhos tudo que desfrutam ou gostariam de ter desfrutado. Realizam seus sonhos por meio dos filhos, mas isso poderá fazer com que estes se sintam usados pelos pais.

Entendemos que pode representar um prazer dar ao filho ou à filha o primeiro carro, o primeiro apartamento quando casa ou mesmo um trabalho bem-remunerado em sua empresa. Conhecemos um bom número de pessoas que tiveram esse privilégio na vida e um bom número de pessoas que conquistaram esses bens e o trabalho com o seu próprio esforço, em que pese geralmente ter levado mais tempo. Não vamos esconder que a felicidade se mostrou mais frequente e verdadeira no segundo grupo, assim como a gratidão em relação aos pais, evidenciando a importância da realização pessoal. A verdade é que, quando os pais bondosamente entregam uma vida pronta aos filhos, um caminho previamente traçado, o sentimento inevitável dos últimos é de um crescente esvaziamento interno, pois tudo que fazem e conquistam é percebido como algo que não lhes pertence. Nesses casos, é comum constatarmos o consumo continuado de bebidas alcoólicas depois do horário de trabalho e nos fins de semana, promovendo um estado de entorpecimento para aplacar o sentimento de vazio.

Essas três missões, embora simples e acessíveis a qualquer pessoa, não são cumpridas com facilidade devido, principalmente, às limitações dos pais decorrentes dos seus próprios aspectos onipotentes e narcísicos projetados nos filhos, determinando uma conduta superprotetora, que incapacita os últimos em relação às metas buscadas pelas três descritas missões. Não podemos perder de vista que, para ser verdadeiro e confiar em si próprio, o indivíduo precisa receber esses indispensáveis cuidados reveladores do amor dos pais, os quais não exigem nem conhecimento nem fortuna, mas a percepção do que é essencial na criação dos filhos.

13
A EDUCAÇÃO NO PASSADO E NO PRESENTE: DIFERENÇAS E PERSPECTIVAS

A primeira questão a ser considerada neste capítulo diz respeito à diferenciação que se deve fazer entre ensinar e educar: o ensino é informativo, ao passo que a educação é formativa. O ensino é assunto específico da escola, ao passo que a educação é bem mais ampla, implica a sociedade como um todo, mas muito particularmente a família e a escola. Pode-se dizer que a família e a escola – portanto, os pais e os professores – são os verdadeiros artífices da educação. Não obstante, constatamos que, devido aos avanços tecnológicos, ensinar se tornou uma tarefa mais fácil nos últimos anos, ao passo que, ao contrário, educar se tornou uma missão mais difícil de ser cumprida do que no passado. Procuraremos descrever as principais mudanças observadas na atualidade que interferem e dificultam maciçamente a formação educacional, gerando o que se convencionou chamar de "crise da educação". No final, vamos apresentar algumas ideias sobre a essência da educação, destacando a importância e a necessidade de pais e professores reassumirem suas fundamentais e bem definidas posições no processo educativo para que se possa retomar a formação educacional da juventude.

1. Adolescência

No passado, a adolescência incluía um segmento da sociedade de jovens com 14, 15, 16, 17 e, no máximo, 18 anos de idade. Uma faixa de idade que, desde a Antiguidade, como escreveu Sócrates, sempre representou um certo nível de dificuldade e preocupação para pais e professores. No presente, observa-se um fenômeno curioso: a extensão da adolescência nas duas pontas devido ao amadurecimento precoce das crianças e ao flagrante adiamento da vida adulta. Do ponto de vista de conduta, interesses e modo de se vestir, na atualidade a adolescência vai dos 10 aos 30 anos, configurando a chamada "geração canguru". Como se não bastasse, o adolescente, em particular seu corpo e suas possibilidades de prazer, se transformou em um ideal para os adultos. Sendo assim, não configura um exagero dizer que o adolescente é a mais abrangente e mais verdadeira representação da sociedade contemporânea, de tal forma que, ao falarmos da adolescência, estamos nos referindo à sociedade contemporânea como um todo, e vice-versa, na medida em que todos querem ser jovens e se comportar como jovens. Surge, então, a pergunta: se todos são jovens, quem ocupa o lugar de educador? O processo educativo não pode prescindir da figura do educador.

2. Modelos

No passado, os pais eram os modelos dos filhos. Eles representavam o que os jovens ambicionavam vir a ser, incluindo-se o vir a ter, o vir a usar e o vir a usufruir. Da mesma forma, os professores ocupavam uma posição central na vida dos jovens, que os admiravam pelos seus conhecimentos e, também, pela sua conduta. Afora isso, no sentido da formação de modelos, havia uma mútua colaboração entre família e escola, na medida em que os jovens percebiam o respeito que os pais tinham pelos professores e que estes tinham pelos pais. No presente, observa-se que não são mais os pais e os professores que servem de modelo para os jovens, mas são estes que modelam os pais e os professores. Houve uma inversão de valores. O jovem está na moda e, por meio da propaganda, é oferecido para o consumo como um ideal de sucesso e felicidade. Nessa condição, não existe a mínima possibilidade de se estabelecer um processo educativo, tendo em vista que são os filhos que apresentam o mundo aos pais, e não os pais que, como é fundamental no processo educativo, apresentam o mundo aos filhos.

❸ Mídia

Antes, família e sociedade se influenciavam mutuamente, sendo a escola o mais importante canal de comunicação entre essas duas instituições. Isso acontecia porque era principalmente na escola que a criança e o adolescente tomavam conhecimento do novo, do diferente, representado pelos colegas, por suas famílias, pela pessoa do professor e pelo que ele ensinava. Em nossos dias, a família se encontra marcadamente influenciada pela propaganda, que, pelos meios de comunicação, gera todos os dias novas necessidades para aquecer o consumo. Pela sua presença praticamente em todos os horários, incluindo os de refeição, a televisão e, mais recentemente, as redes sociais se transformaram em um novo e persuasivo membro familiar. Como resultado, a família se tornou uma mera repetidora de condutas e valores veiculados pela mídia. Principalmente no que diz respeito a valores e padrões de conduta, a criança não aprende mais em casa ou na escola, mas pelos meios de comunicação, que indicam até os assuntos que devem ser tratados pela família. O mundo deve ser apresentado aos jovens pelos pais e professores numa relação pessoal, afetiva e de uma forma lenta e gradual, de acordo com a sua idade. A televisão e as redes sociais atingem a todos e não respeitam a cultura familiar ou regional, as faixas de idade ou as peculiaridades individuais.

❹ Corpo

Originalmente, o corpo era a sede do ser e do sentir. Com o sentir queremos nos referir ao erotismo e ao prazer – portanto, ao interior do corpo. Com o ser, queremos nos referir à relação que mantemos com o exterior ao corpo, principalmente com os outros, na qual se forja a identidade individual, ou seja, a sensação de que somos nós mesmos. Observamos que, no presente, o corpo não serve mais para nos conferir a sensação de identidade, porque ele já não nos pertence. Não temos mais o nosso corpo, mas o corpo da moda, que muda a todo momento, como acontece com roupas, carros ou eletroeletrônicos. Contudo, não é o corpo de um homem ou de uma mulher que nos é oferecido como modelo de corpo a ser confeccionado em uma clínica de cirurgia plástica, mas o corpo de um adolescente ou de uma adolescente. Ao mesmo tempo, assumindo a feição de uma escultura apenas para ser visto e admirado, o corpo já não mais faz parte do ser que representava e, tendo também se coisificado, já nada mais sente, podendo ser malhado, siliconado, cortado e costurado à vontade. O importante é o resultado: a ambicionada e valorizada perfeição corporal! Essa mudança representa a mais importante marca do narcisismo que impera na sociedade contemporânea, borrando as diferenças de gerações e se opondo a uma das metas da educação, que é o respeito ao outro e à sua individualidade.

5 Consumismo

Anos atrás, não havia tantas ofertas de produtos e o consumo era mais comedido. Os filhos eram presenteados em datas significativas, como Natal, aniversário, formatura, e os presentes tinham o significado de um prêmio pelo comportamento, pela dedicação aos estudos ou por qualquer outro esforço. O presente não era um direito líquido e certo, e objetos em funcionamento não eram substituídos quando surgiam novos modelos. Atualmente, a mídia se utiliza de profissionais de sociologia, psicologia e de outras áreas, além de *marketing* e propaganda, com o objetivo de descobrir como sugestionar o público a consumir determinado produto, interessar-se por um certo assunto e impregnar-se da ideia de como deve se vestir ou se comportar. O alvo principal são as crianças e os adolescentes, os segmentos mais vulneráveis da população a essa pressão violenta da sociedade de consumo. Na verdade, o consumismo se tornou o maior obstáculo para impor limites aos filhos. Os pais temem que, ao privá-los de algo que os amigos possuem, venham a lhes provocar uma quebra da autoestima. Quando sabemos que empresas, por meio de seus marqueteiros, procuram identificar crianças e adolescentes considerados formadores de opinião e os contratam para usar os seus produtos, temos de reconhecer que se tornou muito difícil para os pais dizer não aos filhos. Não obstante, os limites são fundamentais no processo educativo. Em primeiro lugar, porque operam em favor da proteção e da segurança e, em segundo lugar, porque regulam a natural onipotência dos jovens, a fantasia de que tudo podem e de que a vida é indestrutível e interminável. Não é de graça que os jovens acham que as exigências da realidade sempre podem esperar – ao contrário das situações prazerosas, que nunca podem ser adiadas. No entanto, a falta de limites observada na atualidade não se restringe ao consumo; ela engloba todas as manifestações de prazer, incluindo o sexual, assim como, e muito particularmente, as condutas agressivas.

6 Escola

No passado, a escola ocupava um lugar situado entre o espaço íntimo da família e o espaço público do exercício da cidadania. A educação representava uma forma de preparar os jovens para ingressarem em um mundo comum de heranças materiais e simbólicas, promovendo o inter-relacionamento das gerações. Para tanto, o educador contava com a autoridade que a sociedade lhe atribuía e com um senso comum a respeito das conquistas da humanidade que deveriam ser preservadas do esquecimento. No presente, a educação visa ao desenvolvimento de competências para, por exemplo, passar no vestibular ou exercer uma função rendosa. Por meio da instrução, procura-se criar um valor privado que, na sociedade de consumo, passa a funcionar como uma moeda de troca. A escola já não se empenha em preparar o jovem para ingressar no mundo público, tendo se transformado em um meio de ganhar a vida e um investimento capaz de conferir distinção social. Em uma sociedade caracterizada pela supervalorização do novo e pela irresponsabilidade em relação ao mundo, o legado das realizações humanas perdeu o sentido, ocorrendo o mesmo com a autoridade dos representantes desse patrimônio: os educadores. O resultado dessa diminuição de autoridade é o apagamento da memória das tradições culturais e, com ele, a perda da dimensão de profundidade da educação. Na medida em que não se estabelece o conflito entre a tradição e a novidade, porque a primeira foi desconsiderada, a educação falha em sua função de despertar no jovem a reflexão e o amadurecimento de ideias. Nesse universo, o que existe de comum são os interesses individuais. A escola pública, em sua essência, perdeu a razão de ser. Toda escola se tornou privada e, por via de consequência, infantilizante, tendo em vista que não prepara o jovem para a vida adulta. Ao abrirem mão dessa responsabilidade em relação ao mundo, que consiste na preservação da autoridade, da hierarquia e das tradições, os educadores, os pais e os professores deixaram os jovens à sua própria sorte. Tornou-se prioridade da escola preparar o jovem para obter sucesso profissional, conquistar uma boa posição social e ganhar dinheiro, em detrimento de desenvolver capacidades para compartilhar o mundo com outras pessoas e participar da construção de projetos coletivos voltados à preservação das tradições e à sobrevivência da humanidade.

7 Público e privado

Há 60, 70 anos, havia uma distinção mais nítida entre as fronteiras do público e do privado, entre aquilo que é um bem próprio e aquilo que é um bem comum. Na atualidade, contudo, constatamos uma progressiva diluição das fronteiras entre as esferas pública e privada. Na televisão, assistimos a programas que expõem ao público a intimidade de seus participantes, ao mesmo tempo que, quase todos os dias, ficamos sabendo pela imprensa de apropriações fraudulentas de bens e serviços públicos, transformando em particular aquilo que foi construído pela coletividade para ser usufruído por todos. A confusão sobre esse limite chegou a tal ponto que um casal manteve uma relação sexual em uma praia cheia de gente e depois entrou na justiça contra os que filmaram e divulgaram essa cena, por se sentir invadido em sua privacidade. Em todos os aspectos que estamos comentando, é flagrante a contribuição da sociedade e da cultura na falência do processo educativo, mas nesse caso em particular temos a obrigação de dar a mão à palmatória e reconhecer que as falhas na educação vêm contribuindo significativamente para a confusão entre o público e o privado que se observa na atualidade.

8 Pais

Apesar dos excessos nefastos de autoritarismo, comuns em tempos bem mais antigos, observava-se, no passado, uma razoável definição dos papéis materno e paterno. Ao passo que a mãe se ocupava com os cuidados básicos de sobrevivência e as necessidades de atenção e carinho dos filhos, criando uma atmosfera de intimidade no interior da casa, o pai cumpria o seu papel de representante das leis da civilização, da cultura e da sociedade, impondo aos filhos os limites indispensáveis à sua segurança e à sua adequação às normas de convivência fora de casa. Embora, por certo, em muitos casos com exagero, as diferenças entre os sexos e as gerações eram bem marcadas pelos pais. As diferenças de gerações mobilizavam nos jovens o sentimento de ainda não ser, responsável pelo surgimento do desejo de vir a ser, em particular vir a ser um pai ou uma mãe – em outras palavras, o desejo de ingressar, mais adiante, no mundo dos adultos, o que ajudava a desenvolver nos jovens a capacidade de esperar. O mais chamativo hoje é o que definimos como privação paterna, representada pela ausência, debilidade ou inadequação das funções do pai no desenvolvimento emocional dos filhos. Esse mundo sem pais é responsável, em boa medida, pelo incremento do narcisismo que impera na sociedade contemporânea, fruto da permanência do jovem em um mundo maternal e doméstico, no qual ele é o centro de todas as atenções, e a única coisa que enxerga é o seu próprio umbigo. Estatísticas do IBGE divulgadas recentemente revelam um aumento progressivo do envolvimento do homem nos afazeres domésticos e no cuidado do recém-nascido. Essa mudança salutar, contudo, não implica necessariamente as três fundamentais e indispensáveis funções paternas, que são:

1 criar uma cobertura protetora durante o período em que a mulher está gestando, parindo e amamentando o filho;
2 ajudar o filho a se separar da mãe, evitando que a relação exclusiva e indiferenciada que se estabelece entre ambos após o nascimento, regida pelo princípio do prazer, se prolongue demasiadamente;
3 ajudar o filho a observar as diferenças geracionais e as diferenças existentes entre as figuras parentais, oferecendo-se como modelo masculino de identificação para o menino e exemplo de companheiro para a menina.

9 Família

A família, estruturada em uma hierarquia bem estabelecida e constituída por um casal e seus filhos, ocupava um papel central na sociedade. Na verdade, tudo começou com uma família, que depois se juntou a outras famílias, quando, então, teve início a civilização. Os valores, os princípios e as condutas eram ditados pela família e absorvidos pela sociedade. Os casais raramente se separavam. Na atualidade, observa-se um avassalador declínio da influência familiar, que tende a se tornar uma tela branca que recebe os valores, os princípios e as condutas ditados pela sociedade. Por outro lado, a família tradicional, formada pelo casal e seus filhos, cada vez mais cede espaço para novas configurações familiares, principalmente as que resultam do divórcio. São cada vez mais frequentes os casos em que numa única casa vivem filhos de três diferentes combinações de casais – como se diz: "os meus, os teus e os nossos". Principalmente pela sua novidade e complexidade, essas novas configurações familiares representam uma dificuldade a mais para a educação, mas a prática tem mostrado que elas também trouxeram algumas vantagens pelo fato de mobilizarem uma surpreendente riqueza de sentimentos, podendo tornar as pessoas menos egoístas e mais humanas. Os integrantes das famílias reconstituídas costumam ser mais tolerantes e democráticos, abrindo caminho para uma melhor aceitação das diferenças, condição fundamental de convivência em grupo que pode influenciar favoravelmente a vida escolar da criança e do adolescente.

10 Mundo contemporâneo

No passado, a vida corria mais lentamente, a qualidade predominava sobre a quantidade e havia mais comprometimento e estabilidade nos relacionamentos. O futuro era um tempo forte, porque se encontrava sustentado no passado e sujeito à reflexão do presente. No momento, tudo se passa muito rápido e superficialmente. Nada é definitivo, porque sempre está chegando um produto mais atraente, mais confortável, mais vantajoso, mas acima de tudo novo, que na sociedade de consumo quer dizer superior ao antigo. Não é sem razão que, atualmente, a maioria dos produtos apresenta no rótulo a palavra "novo". Dessa forma, somos estimulados a realizar escolhas que em um curto espaço de tempo são substituídas por outras mais atualizadas e mais promissoras. Os relacionamentos amorosos também se movem e escorrem com extrema facilidade, em permanente e frenético movimento. Compromissos de tempo indeterminado devem ser evitados, porque podem pôr em risco algo melhor no futuro. Os jovens criaram o termo "ficar" para definir um relacionamento diferente do namoro, no qual não há compromisso nem, principalmente, exclusividade; o que há é apenas um contato físico. Em uma mesma festa, é aceito que um rapaz ou uma moça fique com vários parceiros. O surpreendente é que esse comportamento se estendeu aos adultos, que, naturalmente, incluíram em seu discurso o ficar dos adolescentes. Isso ocorre porque, no mundo globalizado, as idades não marcam uma diferença. A possibilidade de ser abandonado e substituído faz com que o indivíduo nunca se entregue totalmente e que experiencie de forma permanente uma sensação de vazio, que procura preencher com novos relacionamentos. Com a quantidade ele procura compensar a falta de qualidade dos relacionamentos. Outra característica do mundo atual é a busca incessante de prazer e felicidade, levando as pessoas a terem tudo e em grande quantidade. Afora isso, tudo que se produz é mega, configurando uma cultura do excesso, ou do exagero. O problema é que, quando não falta nada, falta o desejo, e nessa condição o indivíduo não consegue ter prazer e ser feliz. Na contemporaneidade o tempo é outro: passado e presente se encontram destituídos de significação, e o futuro é hoje! A conduta dos pais de ajudarem os filhos de todas as formas na infância, na adolescência e até mesmo na vida adulta, se é que nesse caso ela deva ser chamada de vida adulta, não possibilita que eles se tornem, de fato, indivíduos adultos, ou seja, independentes e autônomos.

Por tudo que foi levantado, devemos considerar que a educação está em crise, tendo em vista que não está conseguindo cumprir o seu papel. Contudo, deve-se ter presente que a crise da educação, em boa medida, reflete a crise do mundo atual, denominado por sociólogos, filósofos e pensadores contemporâneos de "pós-moderno". De fato, tanto a casa quanto a escola tiveram suas barreiras de proteção rompidas e invadidas pelas peculiaridades que caracterizam a pós-modernidade, contribuindo decisivamente para os impasses e incertezas das práticas educacionais observadas na atualidade. Sem dúvida, uma situação com essa gravidade nos coloca diante do risco de um colapso total da educação, mas também pode ser encarada como uma convocação dos pais e dos professores para uma reflexão livre de preconceitos que permita retomar a orientação do processo educativo. Para tanto, é preciso que, como ponto de partida, resgatemos a essência da educação, que, de acordo com Hannah Arendt, se encontra relacionada com a diferença que ela estabelece entre nascimento e natalidade, a qual gostaríamos de resumir para definir o papel da família e da escola no processo educativo.

Segundo a citada pensadora, o nascer de um ser humano se faz em dois tempos. O primeiro, que denominou de "nascimento", de natureza biológica ou física, nos diz que há um novo ser na vida. O nascimento é a maneira pela qual a dimensão biofísica da existência se renova e perpetua suas formas. A atividade por meio da qual ela supre suas necessidades e se mantém é o labor, ou seja, todo esforço que o ser vivo faz para a manutenção de sua vida individual e a perpetuação da espécie. Ele corresponde ao instinto de conservação com que não somente os homens, mas todos os animais nascem.

O segundo momento, a que Arendt chamou "natalidade", indica que cada ser humano, além de um novo ser na vida, como qualquer representante da escala zoológica, é, também, um ser novo no mundo. O que essa brilhante pensadora chama de "mundo" é o conjunto de tradições históricas e realizações materiais e simbólicas nas quais os novos – portanto, os jovens – devem ser iniciados e das quais devem participar, constituindo-se como seres novos num mundo preexistente e deixando nele a marca do seu tempo. Arendt entende que a educação é necessária para que um novo ser na vida possa evoluir e tornar-se um ser novo no mundo, sendo o papel do educador o de acolher e iniciar o recém-chegado nessa nova dimensão existencial. Portanto, a educação consiste no processo de preparação do jovem para o espaço público, o lugar por excelência da formação do cidadão. Nesse processo, a escola deve situar-se entre o espaço íntimo da família e o mundo público do exercício da cidadania, realizando o papel fundamental de promover a transição entre esses dois mundos. Em outras palavras, a educação representa a passagem do mundo infantil para o mundo adulto, intermediada pela indispensável participação do educador, incluindo pais e professores. Deixados à própria sorte, os jovens não conseguem se apropriar e usufruir do legado das realizações humanas. Terão uma vida superficial, na medida em que, sem memória, não se atinge a profundidade.

A rigor, a educação se faz presente em nossa vida desde o momento em que nascemos. Inicialmente somos educados pela família, depois pela escola e, na sequência, pela cultura, que inclui as leis e as normas sociais de cada país. No entanto, a questão que se coloca é se em todo esse processo temos clareza do que pretendemos quando nos dispomos a educar, seja como pais, professores ou gestores de políticas públicas. O verbo "educar" vem da palavra latina *educare*, composta pelo prefixo *ex* (fora) e pela forma *ducere* (conduzir). Portanto, em sua origem, educar significa "conduzir para fora". Também tem o sentido de criar. Dessa maneira, muito além de repetir padrões de comportamento, ser obediente ou apresentar boas maneiras, tornar-se educado significa estar preparado para viver em sociedade.

Com isso, conclui-se que não basta o professor ensinar; é fundamental também educar. Sabemos que é possível ensinar sem educar, mas não se pode educar sem ao mesmo tempo ensinar, pois uma educação sem aprendizagem se degenera, com muita facilidade, em retórica moral e emocional. O educador está em relação ao jovem como representante de um mundo pelo qual deve assumir a responsabilidade. Na educação, essa responsabilidade pelo mundo assume a forma de autoridade. A autoridade do educador e as qualificações do professor não são a mesma coisa. Embora certa qualificação seja indispensável para a autoridade, a qualificação, por maior que seja, nunca engendra por si só autoridade. A qualificação do professor consiste em conhecer o mundo e ser capaz de instruir os alunos acerca deste; porém, sua autoridade se assenta na responsabilidade que ele assume por esse mundo. Face a um jovem, é como se ele fosse um representante de todos os habitantes adultos, apontando os detalhes e dizendo: "Isto é o nosso mundo!".

14

A ÉTICA NAS RELAÇÕES ENTRE PAIS E FILHOS

Deixando de lado a discussão semântica, filosófica e, até mesmo, psicanalítica do termo, com vista à objetividade, em primeiro lugar gostaríamos de definir o que consideramos um comportamento ético no âmbito das relações humanas, incluindo, obviamente, as familiares. De acordo com o nosso ponto de vista, é ética a conduta que leva em consideração a individualidade do outro, independentemente de quaisquer diferenças, sejam de idade, sexo, posição social, conhecimento, crenças, convicções e, no caso específico, papéis familiares. Ou seja, o respeito devido aos adultos dentro de uma família é o mesmo que deve ser dispensado às crianças desde o seu nascimento, ou até antes, como sugere Derrida mediante o conceito de "hospitalidade", aplicável a todas as formas de relacionamento entre indivíduos, grupos ou nações, tendo como ponto de partida, alicerce e modelo, conforme concebemos, os vínculos familiares. Diz esse brilhante pensador contemporâneo que a hospitalidade pura e incondicional, a hospitalidade em si, abre-se ou está aberta previamente para alguém que não é esperado nem convidado, para quem quer que chegue como um visitante absolutamente estrangeiro, como um recém-chegado não identificável e imprevisível, em suma, totalmente outro.

Martha Medeiros ilustra com precisão o que estamos procurando configurar. Poetizou essa conhecida escritora e jornalista gaúcha:

> minha bisavó reclamava que minha avó era muito tímida
> minha avó pressionou minha mãe a ser menos cética
> minha mãe me educou para ser bem lúcida
> e eu espero que minha filha fuja desse cárcere
> que é passar a vida transferindo dívidas

Quando se observa flagrante desrespeito à individualidade nas relações familiares, em particular quando os pais exercem, indiscriminadamente, sua autoridade sobre os filhos, caracterizando nos limites dessa exposição uma falta ética, três costumam ser as consequências: o aprisionamento, o refúgio e a pseudomaturidade.

Aprisionamento

O conceito de aprisionamento reporta-se ao que Lebovici chamou de "transmissões intergeracionais", por meio das quais a criança recebe um mandato de seus pais para aplacar as tempestades e os riscos de naufrágio da família. A experiência clínica mostra que, quando um papel é atribuído precocemente a uma criança, dificilmente ela consegue escapar desse destino, constituindo com base nele uma maneira de viver ou, mais apropriadamente, de sobreviver, uma vez que essa é a única maneira como se sente aceita e protegida. Mais tarde, ao se recusar a cumprir o papel determinado, além de lidar com a ameaça do abandono e da solidão, defronta-se com o sentimento de culpa pelo fracasso ou sofrimento dos pais e irmãos. Bollas refere que, nessa condição, o indivíduo se encontra impedido de atingir o seu potencial destinado à elaboração pessoal, ou seja, de desenvolver o seu próprio idioma. No lugar disso, ele vai se tornar refém de um fado, conceito que enfatiza a irracionalidade e o caráter impessoal dos acontecimentos, correspondendo, portanto, a viver sem criatividade, pois os acontecimentos são determinados antes que eles ocorram.

Nessa linha, não são raras as situações em que o grupo familiar faz com que um dos seus membros adoeça e passa a tratá-lo como um caso. A explicação é simples: assim como um indivíduo pode descarregar um conflito não resolvido por meio de um dos seus órgãos, da mesma maneira a família pode drenar suas tensões internas por um dos seus membros, que, em uma analogia com a histeria, se torna o sintoma da família. No momento em que o eleito cai doente ou se torna socialmente censurável por beber, usar drogas ou apresentar alguma forma de conduta antissocial, segue-se uma calma notável na atmosfera da família, anteriormente conturbada. Sem nenhum exagero, podemos dizer que uma parte da família pode escapar ao desencadeamento de uma doença psiquiátrica projetando conflitos não resolvidos sobre a outra parte de seus membros. Essa divisão defensiva de papéis é demonstrada pelo fato de que, não raro, a melhora de uma pessoa com uma patologia psiquiátrica leva à emergência ou ao agravamento de sintomas na pessoa que está mais próxima dela. Por isso, é frequente em nossa experiência a reclamação de pais, cônjuges e outros familiares de pacientes quando estes progridem em seus tratamentos.

> Um exemplo dramático da pressão familiar sobre a mente de um dos seus integrantes identificamos em Luiz, 18 anos, internado em um hospital psiquiátrico. Ele havia assassinado seu próprio pai, após uma discussão banal. O caso lembra o conhecido livro de Gabriel García Márquez intitulado *Crônica de uma morte anunciada*, tendo em vista que Luiz vinha brigando com o pai e o ameaçando de morte havia várias semanas sem que ninguém tomasse uma providência, nem mesmo a vítima, que continuou mantendo o revólver com que foi morto no local onde todos da família sabiam que ele estava. Quando o caso nos foi apresentado, sugerimos a realização de uma terapia familiar, como forma de tentar esbater a sintomatologia psicótica do paciente. Após alguma resistência, a mãe e os irmãos aceitaram participar do tratamento, mas dificilmente compareciam todos. Apesar disso, a terapia se manteve por um tempo prolongado, permitindo verificar, por meio de inúmeras associações, sonhos, atos falhos, atuações e manifestações sintomáticas, que, como em *Os irmãos Karamázov*, de Dostoiévski, o crime fora cometido por apenas um, mas todos, até mesmo a vítima, o haviam desejado.

A vida quotidiana também proporciona inúmeras demonstrações desse exercício de poder da família sobre seus membros. Por exemplo, a escolha dos nomes dados aos filhos raramente é aleatória; em geral ela se relaciona com um fato de expressivo significado afetivo para os pais. Em alguns casos, o nome determina o papel previamente destinado pelos pais ao filho que nasce. Esse papel pode ser substituir um irmão mais velho que morreu, como no caso de Vincent van Gogh, ou outros familiares, principalmente avós e tios. Nesse caso, a expectativa dos pais é de que o recém-nascido substitua o ente querido, estabelecendo-se, desde o início, um conflito entre o que o indivíduo é e o que a família espera que ele seja. A frequência com que situações como essa ocorrem e a naturalidade com que são relatadas revelam um desmentido aceito socialmente do que configura um verdadeiro assassinato de personalidade.

Também é comum que os pais escolham para os filhos a profissão que deverão exercer ou o cargo que deverão ocupar, e muitas vezes esse desejo é designado pelo nome. O nome do avô médico pode indicar que a expectativa dos pais é que o filho venha a se formar em medicina, assim como o nome do pai dado ao primeiro filho homem pode indicar que este deverá ser seu substituto na direção da empresa. Citamos um exemplo ilustrativo:

> Um homem de 45 anos, que vamos chamar de Marcelo, procurou tratamento movido por ansiedade intensa e insônia. Ele conquistara um grande reconhecimento na área profissional e acadêmica, mas não se sentia realizado. Extremamente exigente consigo mesmo, dedicava-se exageradamente ao estudo, não lhe sobrando tempo para o lazer nos fins de semana e nos períodos de férias, situação que vinha determinando a insatisfação da esposa. Achava que tanto a ansiedade quanto a insônia resultavam da necessidade de revisar permanentemente tudo que fazia para não deixar passar nenhum erro e da necessidade de possuir o mais amplo e profundo conhecimento dos assuntos pertinentes à sua atividade. Verificou-se que pesava para esse homem o nome que recebera do pai ao nascer: o mesmo do avô paterno, que tinha como profissão a mesma que Marcelo escolheu. Cabe destacar que foi replicado o nome

> exato e completo do avô, contendo sua ascendência paterna e materna, o que não ocorrera com o pai, cujo sobrenome incluiu o sobrenome da mãe. Dessa forma, avô e neto, além do nome, tinham o mesmo sobrenome, e pai e filho, nome e sobrenome diferentes. Quando Marcelo nasceu, o avô desfrutava de grande prestígio social e era alvo de muitas homenagens – seu nome inclusive se tornou nome de rua depois de falecer. Aparentemente, ao colocar o nome de seu pai no filho, o pai de Marcelo quis prestar uma homenagem, ao mesmo tempo que transferiu para Marcelo o peso que representava o nome do avô. Livre desse encargo, pôde levar uma vida sem grande esforço, facilitada pela generosa herança que recebeu com a morte do pai. Ao mesmo tempo, a grande consideração e reverência com que trata o filho indica que colocou Marcelo no lugar do pai como forma de amenizar a perda paterna. Em outras palavras: o pai segue vivo na pessoa do filho, que, dessa forma, não pôde ter uma vida própria e vive angustiado porque não consegue atingir o ideal que lhe foi imposto como condição para ser amado.

Além disso, o nome dado ao filho pode simbolizar a pretensa união dos pais, juntando pedaços dos dois nomes, mas também pode representar a competição dos pais, muitas vezes dificultando a definição sexual da criança. Essa situação se torna mais evidente quando são dados aos filhos nomes compostos: um feminino e outro masculino. Por outro lado, não são raros os casos de pais que se sentem profundamente frustrados e deprimidos com o nascimento de um filho do outro sexo, e a forma que o cônjuge encontra para compensá-lo é dar ao recém-nascido o seu nome, passado para o feminino ou para o masculino, dependendo da situação.

O ingresso na vida adulta é marcado pela desidealização dos pais (na infância somos levados a idealizar os pais) e pelo estabelecimento dos vínculos exogâmicos. A intimidade, até então priorizada no circuito familiar, passa a ser compartilhada nas relações extrafamiliares. Pais narcisistas não toleram ocupar um segundo plano na vida dos filhos, interferindo na escolha do cônjuge, na festa de casamento, na casa que habitarão e, muito particularmente, na maneira como obterão o sustento. Além disso, mais tarde tentarão se apropriar da criação dos netos, como forma de repor o filho perdido. Temos observado essas condutas tanto em pais com os filhos homens quanto em mães com as filhas mulheres. Para exemplificar, citamos a seguir dois casos.

> O primeiro é de Manoel, que aos 32 anos procurou tratamento analítico movido por quadro de grande ansiedade diante do convite para assumir um cargo de relevância e elevados ganhos na empresa em que trabalhava. Como era de costume, procurou o pai para lhe dar conhecimento da situação e saber a sua opinião, em que pese essa atitude ter gerado um desentendimento bastante sério com a esposa, que entendia que o assunto deveria ser resolvido exclusivamente pelo casal. O pai, presidente e sócio majoritário de uma empresa familiar, reiterou sua posição de que Manoel deveria seguir os passos dos dois irmãos mais velhos, que já trabalhavam com ele. O conflito se estabelecera porque era evidente o desejo de Manoel de ter uma vida independente possibilitada por uma grande capacidade profissional e uma esposa que o amava e que desejava construir uma família com ele livre da interferência de ambos os pais. Contudo, não menos evidente era a resistência do pai a permitir que o filho se tornasse independente, lembrando Saturno, que, de acordo com o mito, comia os filhos à medida que nasciam.

> O segundo caso é de Alice, uma analisanda de 28 anos, solteira, que vive um conflito de identidade muito grande, gerado por uma mãe que, mediante uma desestimação da realidade, inventou uma filha em conformidade com as suas elevadas necessidades narcísicas. Ao se destacar em todas as áreas, principalmente nos estudos, de certa forma Alice se submetera às exigências maternas, mas, quanto mais fulgia aos olhos da mãe, mais vazia se sentia. Contudo, ela não encontrava outro caminho a seguir, e a única compensação que conseguia obter por essa submissão era maltratar a mãe (que dizia não entender como uma filha podia ser tão ingrata, tendo em vista

> que lhe proporcionara tudo que havia de melhor desde que nascera) e recusar os bons partidos que ela tentava lhe impor. Por conta disso, Alice nunca teve um namorado, apesar da beleza e da cultura.

Qualquer psicanalista sabe que os indivíduos, de acordo com o seu sexo, de certa forma procuram se relacionar com uma pessoa que apresenta algum aspecto importante do pai ou da mãe, e tem muito claras as razões dessa tendência inconsciente. Contudo, não são apenas as fantasias incestuosas desses indivíduos que participam da escolha, mas também os desejos transmitidos pelos pais. Muitas vezes, os filhos se sentem maus e ameaçados de abandono se não atendem a esses desejos, mesmo não sendo a escolha inteiramente do seu agrado. Um exemplo é o caso de Juliana, cuja mãe entrava em depressão sempre que ela brigava com o noivo e ameaçava não se casar com ele. A razão é que a mãe de Juliana, quando jovem, desejou se casar com o pai do seu noivo e, por esse meio, passar a integrar a família mais importante da cidade. Quando ocorre pressão dessa magnitude, é comum que o indivíduo acabe realizando o casamento encomendado pelos pais. Foi o que aconteceu com Juliana. Um caso semelhante é o de Márcia, cujo noivo, na fantasia, era desejado sexualmente por sua mãe, uma mulher jovem e bonita que se encontrava divorciada havia vários anos. Márcia era muito imatura e não conseguiu manter por muito tempo o seu casamento. Embora a iniciativa da separação tenha sido do marido, a mãe de Márcia jamais a perdoou por não ter se esforçado o suficiente para reverter a situação.

A rigor, todas as pessoas, inevitavelmente, um dia perdem sua família de origem, embora ela permaneça em suas lembranças e em suas identificações. Antes disso, o indivíduo deve progressivamente ir promovendo essa separação para dar origem a uma nova família. Sendo assim, quando os pais ajudam os filhos a se independentizarem, estão preparando não apenas indivíduos, mas também pais. Porém, isso não é obtido com facilidade. Somente pais maduros conseguem ajudar os filhos a se tornarem indivíduos autônomos e independentes. Pais fóbicos, por exemplo, estabelecem limites muito exíguos para os filhos porque projetam neles seus temores. Uma mãe com essa característica, enquanto teve o filho sob sua guarda, evitou de todas as maneiras férias na praia, porque temia que ele viesse a se afogar. Ela também impediu que o filho estudasse em uma escola que organizava passeios em grupo com os alunos, porque tinha medo de que não cuidassem dele adequadamente e ocorresse uma desgraça. O filho se manteve muito preso a ela até se casar, quando então transferiu os "indispensáveis" cuidados da mãe à esposa.

Também observamos situações em que os pais competem frontalmente com os filhos, não tolerando que se desenvolvam mais do que eles próprios, que conquistem o que não conseguiram conquistar e, principalmente, que sejam mais independentes do que eles, desfrutando a vida mais do que eles tiveram a possibilidade de fazer. Como exemplo, citamos o caso de um pai que não conseguira ir muito longe em sua profissão por ter medo de viajar de avião. Por conta disso, desfez do filho quando, aos 25 anos, financiado pela empresa em que trabalhava, iria realizar a sua primeira viagem de avião, asseverando: "Só se é agora que você perdeu o medo. Você sempre foi um medroso!". Uma mãe com a mesma dificuldade costumava dizer aos filhos, todos adultos: "Não vejo razão para andar naquela altura, 12 horas no escuro, arriscando cair, para passar alguns dias na Europa".

Não podemos subestimar a influência desses comentários desanimadores na vida emocional das pessoas. Eles se encontram relacionados com a dificuldade de muitos casais de desenvolver uma vida própria, independente dos filhos. Alguns pais se dedicam exclusivamente ao cuidado da prole e ao trabalho. Quando se aposentam e os filhos adultos saem de casa, ficam sozinhos, sem amigos e sem envolvimento afetivo com qualquer atividade criativa. As amizades e a ocupação com a atividade profissional e, depois da aposentadoria, com um trabalho de interesse social, que mantenha o vínculo com as pessoas e com a vida fora de casa, promovendo a autoestima e o reconhecimento, constituem ingredientes indispensáveis para aceitar a independentização dos filhos e enfrentar o envelhecimento. No entanto, o aspecto mais frequente que se encontra por trás das dificuldades de aceitar a saída dos filhos de casa é o relacionamento afetivo do casal. Mais precisamente, a impossibilidade de os cônjuges permanecerem sozinhos, enfrentarem o ódio que um nutre pelo outro, ou simplesmente a realidade de que não se amam, tendo permanecido juntos apenas para desfrutarem, por identificação, as várias etapas do desenvolvimento dos filhos.

Não obstante, a forma mais universal e mais antiga de aprisionamento dos filhos é a religião. Imposta à criança sob a forma de um imperativo, ela tem como objetivo castigar os filhos e submetê-los aos pais. Ao estudar a origem das religiões em *Totem e tabu*, Freud destacou o autoritarismo paterno, consignando que Deus nada mais é do que um pai glorificado. Nessa linha, Klein chamou a atenção para o efeito avassalador dos dogmas religiosos, que impõem graves inibições sobre o pensamento. A autora adverte que introduzir a ideia de Deus na educação e deixar por conta do desenvolvimento individual o enfrentar-se com ela não é de nenhum modo o recurso para dar à criança liberdade a esse respeito. Com a introdução autoritária dessa ideia em um momento em que a criança não está preparada intelectualmente para enfrentar a autoridade, e se sente indefesa frente a ela, sua atitude nesse assunto fica tão influenciada que não pode nunca mais libertar-se dela. A advertência de Klein parece visar à desculpa muito comum dos pais de que colocam as ideias religiosas na mente dos filhos ainda crianças para dar a eles uma opção mais tarde, quando tiverem discernimento para segui-las ou não. Trata-se de um desmentido, pois os pais sabem muito bem que eles mesmos se tornaram reféns dessas ideias colocadas em suas mentes pelos seus genitores.

Refúgio

Steiner estudou um grupo de pacientes cujas análises se tornaram repetitivas, estáticas e improdutivas devido à barreira defensiva que levantavam com o objetivo de evitar uma ansiedade intolerável revivida na transferência com o analista. Ele denominou essa forma de isolamento de "refúgio psíquico". Tomamos o termo de Steiner para conceituar a defesa que os filhos estabelecem a fim de lidar com a ação invasiva dos pais. Ao passo que no aprisionamento o indivíduo se submete à missão que lhe é imposta, no refúgio ele procura se afastar ou mesmo eliminar o objeto que se apropria do seu ego. Um exemplo de refúgio encontramos em Marcelo, que, durante a infância, resistiu bem mais do que o irmão, dois anos mais velho, ao acirrado controle de uma mãe despótica, que temia que os filhos morressem longe dos seus cuidados. No final da adolescência, saiu a viajar pelo mundo de carona e, por muitos anos, não parou de andar. Acabou se fixando em um país distante, pois temia ser envolvido pela teia familiar e nunca mais conseguir se livrar dela.

Os casos de refúgio relacionados com situações traumáticas costumam ser mais trágicos, como verificamos no filme *Perdas e danos* (1992), de Louis Malle, que termina com o suicídio do filho ao descobrir que seu pai e sua noiva se relacionavam sexualmente. O suicídio nessa situação resulta da perda súbita dos ideais sentida pelo filho, a qual, em outra circunstância, pode levar ao homicídio do pai. No terceiro livro do Antigo Testamento, Levítico 18, são elencadas as proibições relacionadas ao incesto. Numa delas, a de número 15, diz o Senhor: "Não descobrirás a nudez da tua nora: é a mulher do teu filho". Apesar dessa recomendação bíblica, acompanhamos um caso em que identificamos a atitude francamente filicida de um pai que, como no filme *Perdas e danos*, mantinha uma conduta ostensivamente sedutora com a namorada do filho, que, por sua vez, se mostrava bastante provocativa. A situação se arrastava havia vários anos, período em que o filho abandonou os estudos e passou a beber e se drogar. Além disso, sofreu dois acidentes sérios de carro, gastava o dinheiro do pai exageradamente e tinha atitudes violentas, quebrando objetos de casa e agredindo fisicamente o pai. Tudo indicava que uma grande desgraça se avizinhava, mas nenhuma atitude para evitá-la era tomada.

Por sua configuração traumática, o incesto representa uma condição frequente de refúgio. Mas o que é traumático em relação ao incesto? É o próprio ato em si, que viola os códigos familiares e sociais de um comportamento convencional? É a memória do evento, que traz consigo a carga dos horrores reprimidos? O que, exatamente, faz mal à vítima? É a violação física? O imaginário mental do ato? O horror disso? De acordo com Bollas, quando um pai comete um ato incestuoso, desestrutura a relação da filha com ele como pai. Nesse momento, ele não age mais em nome do pai. Age, em vez disso, em nome da mãe, ou, mais precisamente, ele representa o corpo da mãe, na medida em que se deitar com a filha, juntá-la ao seu corpo, ser o primeiro travesseiro no qual ela dorme, é uma atribuição materna. Dessa forma, a vítima do incesto se vê brutalmente jogada de volta para uma relação com a mãe dos seus três primeiros anos de vida, representando essa projeção para trás um trauma temporal, uma distorção do tempo, tendo em vista que a pessoa é transportada para uma vida passada, na qual reverencia uma mãe bastante diferente da mãe original. Por tudo isso, percebe-se que, no incesto, não é apenas o corpo da filha que é violado, mas também a sua mente, gerando uma reversão topográfica da vida instintual que a impossibilita de distinguir o sonho da realidade, uma vez que, se o pai é o objeto de desejo da criança, deveria então estar dentro do espaço do sonho, e não no mundo real externo.

Essas considerações se referem ao incesto cometido pelo pai, levando a filha, roubada no seu desejo, distorcida no tempo, vítima de uma reversão topográfica da vida instintual, a se abrigar no corpo desestruturado e ameaçador da mãe. Quando o incesto é cometido pela mãe, a situação se reveste de uma dramaticidade maior. Em nossa experiência hospitalar, acompanhamos o caso de um jovem que sofreu um surto psicótico gravíssimo após manter uma relação sexual com a própria mãe. A propósito desse caso, Janine Chasseguet-Smirgel, psicanalista francesa reconhecida internacionalmente por seus livros sobre perversão e ideal do ego, com a qual comentamos o caso, enfatizou que dificilmente esses pacientes conseguem sair desse estado regressivo de engolfamento pelo corpo da mãe. Em uma situação da vida real, reproduzida pelo filme *Savage grace* (2007), do diretor Tom Kalin, após o incesto o filho mata a mãe a facadas e depois se suicida. Apesar disso, o título no Brasil é *Pecados inocentes*.

Pseudomaturidade

Um dos assuntos mais candentes e controvertidos na sociedade contemporânea são os limites. Sem dúvida, eles são indispensáveis nas relações familiares e se impõem tanto aos pais quanto aos filhos em sua adequada medida. Nessa condição, são favorecedores do surgimento da segurança que permite o progressivo desenvolvimento emocional do indivíduo. Por outro lado, encontra-se bem estabelecido que a ausência de limites não gera na criança sentimento de liberdade, mas de abandono. Na verdade, quando os pais colocam limites apropriados, ela se sente protegida, e é esse sentimento que permite a ela exercer sua liberdade. Por conta disso é que consideramos os limites um dos pilares da ética nas relações entre pais e filhos.

A questão dos limites se coloca desde o momento do nascimento de uma criança e enfrenta seu maior desafio no mundo atual durante a adolescência, particularmente em sua etapa final, quando se juntam aos limites impostos pelos pais outros que são demandados pelo orgânico, pelo anímico e pelo social. Dificuldades surgidas nessa etapa podem levar o indivíduo a desenvolver uma pseudomaturidade, na qual a sua atitude em relação a dinheiro, posses, *status* social, política e mesmo seu campo de especialização e conhecimento é passível de ser relativamente contaminada de significação infantil.

Segundo Maldavsky, um importante limite se apresenta ao adolescente por volta dos 18 anos, em consequência da culminação do processo de destituição da autoridade paterna, quando então se vê na contingência de renunciar à ilusão de contar para sempre com um pai supridor e substituí-lo por outro, cuja tarefa consiste tão somente em sustentar palavras. Essa mudança ocorre simultaneamente com o fortalecimento do erotismo genital, em boa medida até então investido no crescimento do corpo e experimentado sob a forma de gozo orgânico. A partir desse momento, rompe-se o limite determinado pela discrepância, vigente desde o início da vida, entre a pulsão sexual e a capacidade de satisfazê-la, havendo o seu desenlace por meio do coito impostergável. Com o descenso do ideal endogâmico, o adolescente ingressa em um novo espaço, conotado com um significado diferencial a partir do estabelecimento de metas ligadas às atividades laborais e ao amor em um contexto extrafamiliar. O sucesso nessa incursão em espaços e vínculos extrafamiliares somente é atingido após o percurso de um caminho difícil ao longo das etapas anteriores da adolescência, com barreiras que cobram para serem ultrapassadas: a elaboração de lutos, o estabelecimento de novas representações, a constituição de novas identificações e, como meta mais exitosa, o acesso a formas de maior complexidade nas relações com o outro – uma conquista que institui a alteridade e, por consequência, a genitalidade adulta. É então que tudo que era percebido como quantidade se organizará como qualidade psíquica, e o desejo buscará o além de mim. Nessa caminhada, o indivíduo não encontrará jamais a satisfação plena e definitiva, mas construirá sentidos para a sua vida, em uma gama infinita de possibilidades, na sua relação com o desconhecido outro. Do respeito pelo desconhecido outro, nascem a ética e a hospitalidade no relacionamento humano.

Essa abertura para o universo exogâmico, no entanto, não raro revela impasses e disfarces, que se expressam pela pseudomaturidade como forma de evitar as exigências da vida adulta. Nessa linha, o esporte, a arte, a religião e até mesmo o estudo são canais que muitas vezes facilitam essa fuga. Uma das características da pseudomaturidade é o estancamento da libido, a qual, como se sabe, tem dois tipos: narcisista e objetal. No estancamento da libido narcisista, a angústia se apresenta como pânico hipocondríaco, prevalente nos adolescentes que desenvolvem condutas aditivas. No estancamento da libido objetal, um sadismo irrefreável e sem objeto sobre o qual recair promove um tipo particular de afeto tóxico. Isso gera uma angústia violenta que não pode ser processada, transformando-se em estado letárgico, no qual falta o matiz afetivo que confere qualidade aos processos pulsionais. Entretanto, na maioria das vezes essas manifestações dos estados de estase libidinal narcísica e objetal são episódicas, não chegando a se estruturar como quadros estáveis. O caso clínico a seguir ilustra o impacto e os desdobramentos anímicos do final da adolescência.

> Trata-se de Paulo, atualmente com 36 anos, em uso de ansiolíticos e antidepressivos, em pequenas doses e de forma descontinuada, desde aproximadamente os 18 anos, quando ingressou na universidade. Queixa-se de apresentar períodos de desânimo, de facilmente se sentir diminuído diante dos colegas de profissão e, com alguma frequência, de julgar que desconhecidos estão pondo em dúvida sua masculinidade. Quando procurou a ajuda de um analista, acabara de se separar da esposa, após dois anos de relacionamento, e seus sintomas haviam piorado bastante, a ponto de se encontrar com dificuldade para trabalhar. Paulo é competente e destacado odontólogo, com especialização no exterior, assim como seu irmão, com o qual divide uma luxuosa clínica em uma cidade industrial. O pai, muito conhecido na região, é administrador. Foi ele quem construiu o prédio da clínica dos dois filhos e arcou integralmente com as suas modernas e sofisticadas instalações. Entre outras funções, cuida da parte financeira e dos pagamentos da clínica. Na prática, os filhos apenas tomam conhecimento dos seus ganhos líquidos mensais. Paulo relata que, aos 17 anos, se sentia muito franzino para enfrentar os colegas da escola e tinha sérias dificuldades para se aproximar das garotas. Acredita que foi a partir dessa idade que começaram a surgir os seus sintomas, atenuados, na ocasião, pela compra de uma moto. Quando completou 18 anos, foi presenteado pelo pai com um carro esportivo de sua escolha, o que lhe conferiu uma posição inédita entre os jovens

> de sua faixa etária. A propósito, a aquisição de motos e carros mais potentes e mais valiosos tem sido uma tônica na vida de Paulo, ocorrendo sempre que se sente diminuído. Essas trocas, na maioria das vezes, são respaldadas pelo pai, que também se encarregou de fazer os acertos financeiros com a sua esposa quando o casal se separou.

Muitos outros detalhes da vida desse paciente reforçam a constatação, evidenciada pela clínica, de que um número bastante grande de indivíduos não consegue superar os limites dos contingenciamentos físicos e emocionais do final da adolescência, o que determina o surgimento de sintomas que tendem a se agravar com as exigências da vida adulta e a perda real dos pais. Em pacientes do sexo masculino, torna-se claro o caráter homossexual desse aferramento à figura paterna. No caso de Paulo, a figura paterna se encontrava projetada nos estranhos, cujo significado é bem conhecido pela psicanálise. Essas considerações, por fim, nos levam a concluir que os adolescentes se rebelam não apenas contra o que os pais procuram sustentar com suas palavras e certas normas impostas pela sociedade, mas também contra seus próprios processos intrapsíquicos que percebem conduzi-los a uma vida adulta inevitável.

Dentro do quadro de pseudomaturidade, cabe ainda considerar os indivíduos que, independentemente de sua idade cronológica, não conseguiram ultrapassar a adolescência em seu desenvolvimento psicossexual e que, apesar disso, se tornaram pais. Na prática, é possível que consigam proporcionar os devidos cuidados e limites aos filhos durante a infância, mas fracassam quando eles atingem a adolescência, período a partir do qual passam a ser vistos por eles como irmãos. Além das dificuldades que decorrem da competição que então se estabelece, os filhos ainda enfrentam o abandono que resulta da incapacidade dos pais de impor os necessários limites. Em muitos casos, ocorre nesse momento uma inversão de papéis, ou seja, os filhos assumem as funções de pais e estes, as de filhos.

15

OS FILHOS E AS TELAS

Provavelmente, um dos maiores desafios que na atualidade os pais enfrentam é o limite que devem estabelecer para os filhos quanto ao consumo recreativo do digital em todas as suas formas: computador, *smartphone*, *tablet*, *videogame*, televisão, etc. As estatísticas indicam que, nos países ocidentais, as crianças com 2 anos ou menos passam cerca de 50 minutos diariamente diante de uma tela. Entre 2 e 8 anos, o tempo nessa atividade sobe para 2 horas e 45 minutos; entre 8 e 12 anos, para 4 horas e 45 minutos; e, entre 13 e 18 anos, absurdamente, para 7 horas e 15 minutos. Fazendo as contas, constatamos que, em um ano, um estudante da pré-escola passa cerca de 1,4 mês (mil horas) na frente de uma tela; um estudante do nível fundamental, 2,4 meses (1.700 horas); e um estudante do ensino médio, 3,7 meses (2.650 horas). Esses números equivalem, respectivamente, a

20%, 32% e 45% do tempo diário de vigília dessas crianças e adolescentes.* Quais são as consequências dessa realidade?

Michel Desmurget é um pesquisador francês especializado em neurociência cognitiva. Ele é diretor de pesquisa do Instituto Nacional de Saúde da França e atuou em várias universidades americanas, incluindo o Instituto de Tecnologia de Massachusetts (MIT). Em 2019, publicou o livro *A fábrica de cretinos digitais: os perigos das telas para nossas crianças*, no qual enfatiza que o uso das telas, longe de ajudar no desenvolvimento de crianças e estudantes, acarreta sérios malefícios à saúde do corpo (obesidade, problemas cardiovasculares, expectativa de vida reduzida), ao estado emocional (agressividade, depressão, comportamento de risco) e ao desenvolvimento intelectual (empobrecimento da linguagem, dificuldade de concentração e perda de memória). Será verdade que apenas 30 minutos por dia em frente a uma tela são suficientes para que o desenvolvimento intelectual da criança comece a ser afetado? Seria essa a razão de os grandes gurus do Vale do Silício proibirem seus filhos de usar telas? Conforme anunciou o *New York Times*, um consenso sombrio em relação ao uso de telas digitais pelas crianças começa a surgir no Vale do Silício, levando os *geeks* a inscrever seus filhos em escolas particulares caríssimas onde não se utilizam telas digitais. O jornalista e doutor em sociologia francês Guillaume Erner, a propósito dessa notícia, concluiu: "A moral da história é a seguinte: deem telas a seus filhos; os fabricantes de telas continuarão dando livros aos deles".

O conceito de *nativos digitais*, em voga na atualidade, refere-se à suposta superioridade tecnológica das novas gerações, as quais teriam adquirido um grau de domínio do mundo digital que se tornou inacessível aos fósseis da era pré-digital. Além do fato de que esses fósseis pré-digitais foram os criadores desses dispositivos e ambientes, a prática tem apontado que os adultos, em termos de tecnologia digital, têm se mostrado globalmente tão competentes quanto seus jovens descendentes. Isso ocorre porque

---

* Irwin, M. R., Opp, M. R. (2017). Sleep health: reciprocal regulation of sleep and innate immunity. *Neuropsichopharmacology*, 42(1), 129-155.
  Fatima, Y., Doi, S. A., Mamun, A. A. (2015). Longitudinal impact of sleep on overweight and obesity in children and adolescents: a systematic review and bias-adjusted meta-analysis. *Obesity reviews*, 16(2), 137-149.
  Miller M. A., Kruisbrink M., Wallace J., Ji, C., Cappuccio, F. P. (2018). Sleep duration and incidence of obesity in infants, children, and adolescents: a systematic review and meta-analysis of prospective studies. *Sleep*, 41(4).

essas ferramentas são concebidas para serem facilmente manejadas, não havendo nenhuma necessidade de aprender a dominá-las precocemente. Em contrapartida, a imersão maciça nessa tecnologia desviará fatalmente o jovem dos aprendizados essenciais, que, por conta do fechamento das janelas de desenvolvimento cerebral, se tornarão mais difíceis de alcançar posteriormente. Afora isso, como evidenciam diversas pesquisas, diferentemente dos adultos, as novas gerações dedicam pouquíssimo tempo a criar o próprio conteúdo. Elas utilizam as telas predominantemente para assistir à TV e a vídeos, jogar *videogames* e usar as redes sociais. O uso dos dispositivos digitais para ler, escrever e criar conteúdo é insignificante. Indicam estudos que, dos 8 aos 12 anos, os jovens dedicam a se divertir um tempo 13 vezes maior do que o dedicado a estudar (284 minutos contra 22 minutos); e, dos 13 aos 18 anos, esse tempo é 7,5 vezes maior (442 minutos contra 60 minutos).

Embora sejam inquestionáveis os ganhos obtidos pela humanidade com o desenvolvimento da tecnologia digital, não se pode deixar de reconhecer um exagero no que tange aos benefícios proporcionados aos nossos filhos pelo uso precoce das telas. Por exemplo, tem sido possível demonstrar a relatividade da afirmativa de que os equipamentos eletrônicos contribuem para que a criança tenha um cérebro mais desenvolvido e bem conectado, o que aumentará sua eficácia intelectual. Ainda que se excluam aquelas situações observadas diariamente de pais que fornecem uma tela aos filhos para permanecerem ocupados com um jogo por uma, duas ou mais horas enquanto jantam ou fazem compras, precisamos identificar o lado falacioso de algumas afirmações que relacionam o uso de aparelhos digitais – os *videogames*, por exemplo – ao espessamento de importantes áreas cerebrais, como o hipocampo direito, o córtex pré-frontal direito e o cerebelo, áreas envolvidas na navegação espacial, na formação da memória, no planejamento estratégico e na habilidade motora das mãos. A esse respeito, esclarecem os neurocientistas que o hipocampo é uma estrutura efetivamente central no processo de memorização; contudo, nos jogadores de *videogames*, somente a parte posterior direita se encontra aumentada, essencialmente relacionada com a memória espacial. Dessa forma, dizem esses estudiosos, o que aprendem os jogadores de *Super Mario*, por exemplo, é a passear com mais desenvoltura dentro do próprio jogo. O mesmo tipo de ganho é observado nos motoristas de táxi, que progressivamente constroem um mapa mental da cidade. Mas esse tipo de saber é específico, não pode ser transferido, ou mostra-se pouco útil quando aplicado a outras áreas. No que diz respeito ao córtex pré-frontal, responsável por um grande número de funções cognitivas, desde a atenção até a tomada de decisão, igualmente é observada uma restrição quanto às adaptações consecutivas ao uso continuado de *videogames*: o que ocorre é apenas o aumento do desejo de jogar, resultante do crescimento do córtex dorsolateral pré-frontal, relacionado ao sistema de recompensa, com implicações no desenvolvimento de transtornos de dependência, particularmente na adolescência. Por último, temos ainda que considerar o aumento do cerebelo e, com ele, a melhora da destreza, a qual, como as habilidades anteriores, não devemos idealizar. Dessa forma, evitamos incorrer no engano de que a maior destreza obtida com os jogos eletrônicos capacita a criança ou o jovem para outras habilidades, como desenhar, tocar um violino, etc., embora ela realmente possa oferecer capacidades especiais para pilotar um *drone*, usar um *mouse* de computador ou até mesmo operar um controle remoto cirúrgico. Sendo assim, essas considerações não sustentam que as telas são 100% inúteis, prejudiciais ou não oferecem nenhuma vantagem. Elas podem ser exatamente o oposto disso se os pais orientarem os filhos a utilizá-las adequadamente. Para tanto, faz-se necessário apreciar amplamente o panorama proporcionado pela relação das crianças, dos pré-adolescentes e dos adolescentes com as telas: televisão, celular, console de jogos, *tablet* e computador.

Precisamos ter presente que os primeiros anos de vida são fundamentais em matéria de aprendizagem e de amadurecimento cerebral, resultando no desenvolvimento da linguagem, da coordenação motora, dos pré-requisitos matemáticos, dos vínculos sociais, do controle emocional e muito mais. As telas podem privar as crianças de um certo número de estímulos e experiências essenciais que dificilmente podem ser recuperados nas fases seguintes do desenvolvimento – diferentemente das inaptidões digitais, que são facilmente compensadas em qualquer idade, reposicionando os circuitos neuronais disponíveis. Se considerarmos a média diária constatada de 50 minutos diante de uma tela na faixa etária de 0 a 2 anos (em muitos casos, pode passar de 3 horas), verificaremos que ela representa um total de 600 horas no período, equivalente à duração de um ano em uma escola de educação infantil e, em termos de linguagem, a 200 mil enunciados, ou seja, cerca de 850 mil palavras não ouvidas, conforme o impactante estudo realizado pelo professor Kostadin Kushlev, do Digital Health and

Happiness Laboratory, da Universidade de Georgetown. Na faixa dos 2 aos 8 anos, quando o consumo digital diário cresce absurdamente, como vimos antes, mais de 90% desse tempo são dedicados ao consumo de *streamings* audiovisuais e a jogar *videogames*. Essa atividade se opera em detrimento de experiências mais ricas e formativas, como leitura, interações verbais, práticas musicais, artísticas e esportivas, programas culturais, etc. Deve--se destacar, além disso, que somente 30% dos pais declaram estar todo o tempo ou a maior parte do tempo com os filhos enquanto estes se mantêm atentos a uma tela digital. Entre os pré-adolescentes, o tempo dedicado a atividades digitais cresce ainda mais, reforçado pelo fato de esses jovens disporem do seu próprio *tablet* (52%), do seu próprio *laptop* (23%), do seu próprio *smartwatch* (5%) e do seu próprio *smartphone* (aos 8 anos, eles são 19% e, aos 12 anos, 69%). Na adolescência, por fim, empurrado pelos *smartphones*, o tempo de uso das telas aumenta exponencialmente. O consumo digital diário ultrapassa as 7 horas, correspondendo, portanto, a aproximadamente 30% do dia e 45% do tempo médio normal de vigília.

Enfatiza Desmurget, com base em dezenas de artigos sobre o tema, que é possível afirmar que o tempo passado diante de telas domésticas afeta de maneira negativa o bom desempenho escolar, independentemente de gênero, idade, classe social e, inclusive, protocolos de análise. Dito de maneira simples: quanto mais tempo as crianças e os adolescentes se ocupam com práticas digitais recreativas, mais caem suas notas escolares. As pesquisas têm mostrado claramente que, nas famílias que restringem o uso digital recreativo em prol de práticas extraescolares consideradas positivas (deveres de casa, leitura, música, atividade física, etc.), os filhos apresentam um nível bem mais elevado de desempenho escolar. Obviamente, essas relações não são lineares e sempre será possível identificar indivíduos que as contrariam, ou seja, crianças que se ocupam diariamente jogando *videogames* ou assistindo à televisão, mas apresentam um aproveitamento escolar excelente, assim como o oposto. Contudo, em relação ao primeiro caso, deveríamos considerar a possibilidade de o referido desempenho ser ainda melhor com restrições de telas recreativas e, ainda, nos questionar a respeito do custo social dessa ocupação.

Quando falamos em telas, estamos nos referindo, indistintamente, à televisão, aos *videogames*, ao telefone celular, aos *tablets* e ao computador, mas cabe uma observação particular em relação aos *smartphones*, esses pequenos aparelhos que revolucionaram a comunicação entre humanos globalmente. Sua evolução é a mais rápida se comparada à de qualquer outra invenção da humanidade, se levarmos em consideração que o primeiro celular passou a ser comercializado em 1983. Inventado pelo engenheiro eletrotécnico Martin Cooper, o Motorola DynaTAC 8000X tinha 33 centímetros de comprimento, 4,5 de largura e 8,9 de espessura, pesava 794 gramas e oferecia 30 minutos de memória, com bateria com duração de apenas 1 hora em tempo de conservação e 8 horas em modo de espera. No Brasil, a telefonia móvel teve seu início em 1990, e o primeiro aparelho que utilizamos foi o Motorola PT-550, com 22 centímetros de comprimento, 348 gramas e bateria com duração de 15 horas em *stand-by*, apelidado de "tijolão". É provável que crianças, pré-adolescentes, adolescentes e até mesmo adultos jovens, nascidos próximo à inclusão da câmera fotográfica no telefone, em 2001, não identifiquem nesse aparelho um celular, tamanha é a distância que dele nos encontramos na atualidade.

Junto a esse estupendo avanço tecnológico, na mesma medida ampliou-se o uso dos celulares em todas as faixas econômicas e etárias. Ultimamente, temos observado um crescente número de crianças que não apenas utilizam às vezes o celular dos pais, mas que passaram a dispor do seu próprio aparelho aos 7, 6 ou, até mesmo, 5 anos de idade. Devemos estar atentos à realidade de que, enquanto nas mãos do adulto o uso do celular pode se tornar uma dependência, fato comprovado nos dias atuais, no caso da criança, quando o uso é exagerado, pode gerar danos neurológicos. Isso ocorre porque os *smartphones* promovem uma multiplicidade de estímulos rápidos, que, por sua vez, provocam a liberação de dopamina no cérebro, o neurotransmissor que proporciona sensação de prazer. Além dessa satisfação imediata, a dopamina aumenta a impulsividade e dificulta a estratégia de controle do uso do aparelho. Num período em que o cérebro se encontra em fase incipiente de formação, esses estímulos rápidos em grande quantidade podem se tornar preponderantes no funcionamento mental, em detrimento da capacidade de concentração. Com o tempo, eles também se tornam prevalentes, determinando um desinteresse por qualquer outra atividade que demande um raciocínio mais denso ou mais profundo. Situações extremas, determinantes de isolamento e desinteresse por outras ocupações, têm levado especialistas a denominar essas crianças "filhos do quarto", ou até mesmo a chamar esses casos de "autismo digital", como faz o psicólogo Cristiano Nabuco, coordenador do Grupo de Dependências Tecnológicas do Instituto de Psiquiatria da Faculdade de Medicina da Universidade de São Paulo (FMUSP). De acordo com esse estudioso, que chama atenção para a importância do exemplo dos pais quanto ao uso que eles fazem do celular, "a gente precisa olhar para a janela durante uma viagem, e não para a tela de um *tablet*". Com a mesma simplicidade e profundidade dessa frase, ele também enfatiza a importância de ensinar os filhos a curtir momentos de ócio, como forma de afastá-los das telas.

Sem desprezar, obviamente, a importância do celular em nossas vidas (seria exagero compará-lo com a roda, cujo uso data de cerca de 3500 a.C.?), tornou-se imprescindível avaliarmos as vantagens e as desvantagens do seu uso, principalmente pelas crianças, que encontram na conduta dos pais o maior e mais contundente exemplo. Como disse recentemente um paciente, "O celular, na atualidade, equipara-se ao fígado: não podemos viver sem ele, estejamos onde estivermos". Poderíamos considerá-lo um vício, ou devemos mesmo pensar que se trata de um novo órgão, no caso, dedicado à comunicação, o qual nosso organismo necessita manter junto de si, em funcionamento, para sobreviver? Nessa linha, identificamos o relato de um pai separado que, no início da noite de uma sexta-feira, apanhou a filha de 11 anos na casa da mãe para passar o fim de semana com ele. Após jantarem em um restaurante, foram para casa, quando a filha constatou que se encontrava sem o seu celular. O pai telefonou para a casa da mãe e confirmou o local em que esquecera o aparelho, combinando de ir buscá-lo na manhã seguinte, tendo em vista que passava das 10 horas da noite. A filha ficou indignada com a decisão do pai, insistindo que deveriam ir naquele momento até a casa da mãe para buscar seu celular. Foi com muita dificuldade que o pai conseguiu que a filha fosse para o seu quarto a fim de dormir. Provavelmente preocupado e apreensivo com a reação da menina, depois da meia-noite, acordou-se e foi até o quarto dela para ver como se encontrava. Ficou surpreso e assustado ao constatar que não estava no quarto nem em outra dependência do apartamento. Contatou a portaria do prédio e ficou sabendo que cerca de 20 minutos antes ela entrara em um táxi que havia chamado. Imediatamente ligou para a casa da ex-esposa e soube que a filha já se encontrava de volta. Situação semelhante poderia ser relatada por um pai cujo filho fosse viciado em *crack*, cocaína ou outra droga? Não podemos subestimar essa semelhança, em que pese, obviamente, suas significativas diferenças na grande maioria dos casos. É provável que esse filho viciado em droga, passados alguns anos, não estivesse frequentando uma universidade, como ocorre com a menina do caso relatado, mas a reação desta ao fato de não contar com o celular ao seu lado durante a noite nos leva a refletir sobre a responsabilidade dos pais em relação ao uso do celular pelos filhos, em particular nos primeiros anos de vida.

Reconhecemos que a tarefa não é fácil, até mesmo porque, a partir de uma certa idade, os celulares representam uma forma de manter os filhos sob cuidado quando se encontram fora de casa. Privá-los desses aparelhos é uma solução fácil, mas não leva em consideração aspectos condizentes com a vida atual. Um médico dedicado ao estudo de formas saudáveis de viver e longevidade tomou a decisão de que seus filhos ganhariam seu primeiro celular somente aos 14 anos. Com o mais velho, hoje com 20, manteve essa regra, aparentemente, sem maiores dificuldades. Contudo, no caso do segundo, que tinha 8 anos quando o irmão ganhou o seu aparelho, tornou-se muito difícil aguardar que chegasse aos 14 anos para que também dispusesse de um celular. A partir dos 12, ele passou a se queixar de que era o único aluno de sua classe que não levava para a aula o seu celular, utilizado para as mais diferentes finalidades no intervalo do recreio, inclusive se comunicar com os colegas, de modo que nesse período ele acabava permanecendo isolado e sem ter o que fazer. Ele também se queixava de que os programas sociais eram combinados pelos grupos de WhatsApp, dificultando a sua participação nessas atividades por não dispor de um celular. Diante dessa realidade, o pai antecipou em um ano o limite que havia estabelecido com o primeiro filho, e é provável que o antecipe ainda mais com o terceiro, atualmente com 7 anos. A grande dificuldade decorre do fato de esses equipamentos digitais possibilitarem acessar todos os tipos de conteúdos audiovisuais; jogar *videogames*; navegar na internet; trocar fotos, imagens e mensagens; conectar-se às redes sociais e muito mais, sem qualquer restrição de tempo ou lugar. "Ele é o graal dos sugadores de cérebro", adverte o neurocientista francês citado anteriormente, para quem, "quanto mais os aplicativos se tornam inteligentes, mais substituem nossa reflexão e mais nos ajudam a nos tornarmos idiotas". Ele lembra que os celulares já escolhem o restaurante a que iremos, selecionam informações e publicidades que supostamente nos interessam, determinam o trajeto que devemos seguir com o nosso carro para chegar a determinado lugar, propõem respostas automáticas às nossas interrogações sobre os mais variados assuntos, inclusive a mensagens que nos são enviadas, e, segundo suas palavras, "domesticam nossos filhos desde a escola maternal", concluindo que, "com um pouco mais de desempenho, eles acabarão pensando em nosso lugar". Sua preocupação decorre da realidade de que, atualmente, é o celular que, mais do que qualquer outro equipamento digital, impacta negativamente o aprendizado, tanto de crianças quanto de adultos, como evidencia uma cuidadosa pesquisa realizada com estudantes de administração por Daniel Felisoni e Alexandra Godoi, da Fundação Getulio Vargas (FGV), em 2013. Eles observaram, em primeiro lugar, que os participantes passavam mais tempo a manipular seus *smartphones* (média de 3 horas e 55 minutos por dia) do que a pensar (média de 2 horas e 55 minutos) e, em segundo lugar, que, quanto maior era o tempo de uso, piores eram os resultados acadêmicos. Eles levaram esses dados para uma população normalizada de 100 indivíduos e concluíram que cada hora de *smartphone* provocava um recuo de quase quatro lugares na classificação. Isso não é tão grave se a meta é apenas obter um diploma de qualificação, não seletivo, mas bastante expressivo quando existe uma demanda de excelência. Um estudo realizado na França em 2021, com estudantes que ambicionavam ingressar em cursos de medicina, os quais naquele país admitem em média 18 entre 100 candidatos, mostrou que um candidato não equipado de *smartphone* que se classificaria em 240º lugar e seria aprovado num universo de 2 mil postulantes, caso utilizasse o aparelho 2 horas por dia, seria empurrado para a 400ª posição e, nessa condição, seria reprovado.

Não cabe demonizar o uso de telas pelos filhos em idade pré-escolar e escolar (principalmente), mas alertar os pais sobre a necessidade de estabelecer os limites que permitem que as crianças e os jovens tirem o maior proveito possível dessa fantástica criação da humanidade. Nesse sentido, parece oportuna a recomendação de Desmurget de que os pais não disponibilizem as telas aos filhos antes dos 6 anos. Ele sustenta que crianças pequenas não precisam de telas. Elas precisam que falemos com elas, que leiamos histórias para elas, que lhes apresentemos os livros. Elas precisam, isto sim, brincar, correr, dançar, cantar, montar quebra-cabeças, construir casas com lego: atividades que constroem seu cérebro de forma mais segura e eficaz do que qualquer tela recreativa. Os pais podem estar seguros de que a ausência de telas digitais durante os primeiros anos de vida não produz nenhum efeito negativo a curto ou longo prazo para a criança. Com certeza ela não se tornará um indivíduo deficiente no mundo digital devido a essa restrição. Ao contrário, terá reunido capacidades para um melhor uso das telas no futuro. Os estudos indicam que, depois dos 6 anos, um consumo diário de até 30 minutos não oferece qualquer prejuízo à criança; entre 30 minutos e 1 hora, observam-se danos, que, no entanto, são pouco significativos e podem ser considerados, até essa marca, toleráveis.

Tendo em vista essas observações, uma providência prudente seria liberar os dispositivos digitais (TV, celulares, *tablets*, *videogames*, computadores) por um período diário de até 30 minutos para crianças de 6 a 12 anos e de até 60 minutos acima dessa idade. Tem sido constatado que esses limites dificilmente são obedecidos quando aparelhos de TV são instalados ou celulares deixados à noite no quarto da criança. Junto a esses limites de tempo de exposição, os especialistas também recomendam que os pais mantenham sua atenção aos conteúdos de videoclipes, séries, *videogames*, etc., pois alguns podem apresentar caráter violento, pornográfico, racista ou de outra natureza igualmente prejudicial à criança. A desobediência a esses cuidados pode gerar problemas de atenção, linguagem, controle dos impulsos, memória, sono e desempenho escolar. Quando mais não seja, é preciso ter presente que o uso excessivo das telas afeta excessivamente o sono (muitas crianças necessitam de uma televisão ligada para adormecerem), gerando importantes efeitos no desenvolvimento físico e cognitivo; aumenta expressivamente o sedentarismo e seus conhecidos malefícios à saúde; e, ainda, oferece sérios riscos à vida e aos relacionamentos familiares e sociais, por meio de conteúdos impróprios para a mente em formação.

Todas essas considerações referem-se às telas digitais domésticas, utilizadas para fins recreativos, pelas quais os pais são responsáveis, e eles, como enfatizamos, sofrem pressões divergentes muito fortes, as quais dificultam sua tomada de decisão. Ao mesmo tempo, não podemos nos esquecer de que nos encontramos diante de um sistema de redes digitalizadas que se agiganta numa velocidade estupenda e ocupa todos os espaços por onde nos movemos, e de que, a cada dia que passa, mais precisamos nos adequar e capacitar para obtermos sucesso nesse novo mundo em que estamos vivendo, como recém-chegados. Por conta disso, no contexto do tema deste capítulo, não podemos subestimar o uso das telas digitais para fins de ensino e, muito particularmente, a utilização desses equipamentos no ambiente escolar. Consideremos, no primeiro plano, as inquestionáveis e revolucionárias vantagens do digital em todos os níveis do processo de ensino e aprendizagem. Isso não se discute, mas os investigadores têm se mostrado atentos ao movimento atual de digitalização do sistema escolar, procurando identificar a lógica predominante: econômica ou pedagógica?

No primeiro caso, a meta é diminuir os gastos com o número e a qualificação dos professores: substituir o homem pela máquina. No segundo caso, o objetivo é colocar esses recursos à disposição dos professores para aprimorarem o processo educativo. Dessa forma é mantida a indispensável participação da pessoa do mestre como o mais importante instrumento de aprendizagem, não somente na infância, mas também na vida adulta, na formação acadêmica e até depois. Como disse Albert Camus ao receber o Prêmio Nobel de Literatura, dirigindo-se ao seu antigo professor: "Sem sua mão afetuosa estendida para a criança pobre que eu fui, sem seus ensinamentos, seu exemplo, nada disso teria me acontecido".

16
A IDADE COMO FONTE DE CONFLITOS ENTRE PAIS E FILHOS

Em 1885, quando foi a Paris estudar com Charcot, Freud tomou conhecimento dos trabalhos de Tardieu, Lacassagne e Bernard sobre abuso sexual de crianças e, em 1886, assistiu às autópsias de crianças do professor Brouardel no necrotério de Paris. Entre 1895 e 1897, ele estabeleceu um nexo entre o abuso sexual sofrido na infância e os sintomas apresentados mais tarde por pacientes histéricos e obsessivos, configurando a denominada "teoria da sedução". De acordo com Freud, essa experiência era traumática para o aparelho mental incipiente da criança, que, sem poder integrá-la, suprimia-a da consciência por meio do mecanismo de defesa a que deu o nome de "repressão". Contudo, essa concepção traumática das neuroses, com base em uma experiência real da criança, estava fadada a ter uma vida curta, pois já em 21 de setembro de 1897 escreveu a seu amigo Fliess: "Tenho de te confiar o grande segredo que em mim se iluminou: já não acredito na minha *neurótica*" (ou seja, na sua concepção sobre a etiologia das neuroses).

O que Freud havia concluído é que as cenas de sedução eram muitas vezes produto de reconstruções fantasiosas das crianças mediante as quais procuravam dissimular a atividade autoerótica dos primeiros anos de vida. Por esse motivo, em 1905 ele renegou publicamente a teoria da sedução. Não obstante, a literatura registra controvérsias a respeito dessa mudança de rumo por parte do pai da psicanálise, aventando a possibilidade de corresponder a um não revelado acordo de cavaleiros firmado por Freud com a comunidade científica para sair do ostracismo em que se encontrava desde o momento em que expôs a teoria da sedução numa conferência na Sociedade de Psiquiatria e Neurologia de Viena, na noite de 21 de abril de 1896. Consta que a recepção de suas ideias sobre a sexualidade infantil fora quase gélida e que Freud, por conta disso, desejou que todos fossem para o inferno e, num ato de desafio aos colegas, publicou no mesmo ano o conteúdo integral da conferência com o título de *A etiologia da histeria*. Contudo, seguindo a linha de 1905, quando abandonou a teoria da sedução, em 1910, ao descrever a situação triangular edípica, Freud colocou em destaque o parricídio nas relações entre pais e filhos. A partir desse momento, ficou em segundo plano o interesse da psicanálise pelos sentimentos agressivos dos pais em relação aos filhos, sentimentos que configuram o filicídio, definido por Rascovsky como maus-tratos corporais e afetivos aos filhos mediante o abandono, a desvalorização, a superproteção, o abuso sexual, a mutilação e o assassinato, como acontece nas guerras de uma forma aceita socialmente.

Destaca esse autor que Freud, ao descrever o complexo de Édipo, assumiu a pauta gerontocrática da cultura, que, desde tempos imemoráveis, atribui a culpa predominantemente aos filhos, subestimando a ação agressiva prévia dos pais, com a qual os filhos se identificam. Tendo como referência a senda edípica completa, tal como foi contada por Sófocles, que tem início no abandono e na tentativa de morte do filho, neste capítulo objetivamos abordar o conflito geracional entre pais e filhos enfatizando os sentimentos despertados nos pais pelas diferentes fases da vida dos filhos, sendo geradas, em muitos casos, condutas filicidas mitigadas.

Na verdade, o que não podemos desconhecer é que cada etapa do desenvolvimento dos filhos mobiliza uma conflitiva geracional nos pais. Por conta disso, não são raras as situações de ciúmes dos pais quando as mães se encontram no período de amamentação dos filhos e se dedicam integralmente ao cuidado deles. Não surpreende, portanto, que durante essa fase se observe a maior incidência de infidelidade por parte dos maridos, que, dessa forma, procuram atenuar intoleráveis sentimentos de exclusão. Em alguns casos, esses ciúmes permanecem por toda a vida sob a forma de maus-tratos aos filhos homens: conduta que nos reporta ao mito de Saturno, eventualmente acompanhada de um excessivo carinho e uma desmedida superproteção das filhas. As situações propiciadas pela clínica são inúmeras e, como foi dito, incluem todas as idades dos filhos. Contudo, diante da impossibilidade de enfocar os conflitos específicos de todas as etapas do desenvolvimento dos filhos, da infância à idade adulta, limitaremos nossa abordagem ao período da adolescência.

A adolescência constitui uma etapa destacada dessa conflitiva por duas razões. A primeira razão é sua correspondência a um ponto de cruzamento de idades entre pais e filhos: os primeiros se encaminhando para o envelhecimento, e os segundos, para o desabrochar da vida adulta. Sem dúvida, as maiores dificuldades serão observadas naqueles pais com características narcísicas marcantes ou que enfrentaram privações de qualquer natureza ao longo da vida, em particular na etapa correspondente à idade dos filhos.

A segunda razão decorre do fato de que muitos pais não conseguiram ir adiante da adolescência em seu desenvolvimento e, por conta disso, não podem ser considerados adultos do ponto de vista emocional. Não obstante, precisamos ter presente que um adolescente ou uma adolescente reúne capacidades suficientes para se dedicar a um trabalho e ganhar dinheiro com ele, manter relações sexuais prazerosas, ter filhos e cuidar deles adequadamente enquanto são bebês e durante a infância, mas se defronta com dificuldades quando eles chegam à adolescência, momento em que podem ocorrer três situações, que denominamos de:

1 síndrome do espelho;
2 síndrome do emparelhamento;
3 síndrome da inversão de papéis.

A síndrome do espelho se caracteriza pelo sentimento depressivo despertado nos pais ao se compararem com os filhos, que, como um espelho, refletem, por comparação, as marcas do seu envelhecimento. As reações a esse sentimento são várias, mas, principalmente no caso das mulheres, predominam os procedimentos cirúrgicos estéticos e o fisiculturismo. Porém, não se constata a negação da realidade. Ao contrário, a realidade é experimentada depressivamente.

Na síndrome do emparelhamento, contudo, a realidade é negada, e, como consequência, os pais tratam os filhos como irmãos, mantendo com eles uma atitude de franca competição, na qual se sentem sempre vencedores.

Por último, a síndrome de inversão de papéis ocorre quando os filhos amadurecem mais do que os pais, que passam a ser orientados por aqueles em seus relacionamentos, sua conduta social, sua maneira de se vestir e até mesmo no consumo que fazem de bebidas alcoólicas e drogas.

Concluindo, podemos dizer que, ao abandonar a teoria da sedução, conferindo às neuroses uma etiologia traumática, a psicanálise impôs uma grande perda à compreensão das interações afetivas e emocionais do relacionamento familiar, uma vez que, ao priorizar o parricídio na cena edípica, deixou de lado a conflitiva desenvolvimental dos pais mobilizada pela idade dos filhos, situação que coloca em pé de igualdade as fantasias parricidas e filicidas, fruto da ambivalência de sentimentos entre pais e filhos. Essa tendência, incorporada pelos autores pós-freudianos, teve o mais significativo reforço na unilateralidade da teoria das relações de objeto de Melanie Klein, uma vez que, para essa autora, os pais não existem; eles são frutos das fantasias agressivas dos filhos. Como referiu Bleichmar, a partir da dominância da proposta endógeno-genética do kleinismo e da radical a-historicidade estruturalista do lacanismo, o traumático foi praticamente varrido da psicanálise. Cabe, no entanto, como ponto final, uma referência a Ferenczi, que, no Congresso Internacional de Psicanálise de 1932, criticou veementemente a postura negligente com que a psicanálise passara a considerar o aspecto traumático na psicogênese das neuroses, alertando que o fato de não se aprofundar de maneira suficiente a origem exterior comporta um perigo: o de se recorrer a explicações apressadas, invocando a predisposição e a constituição. Ferenczi também alertou que é no silêncio dos adultos e, depois, do analista que reside o verdadeiro caráter traumático dos maus-tratos e do abuso sexual sofridos pela criança.

17

VIDAS ESPELHADAS

De certa forma, todos nós refletimos em nossa personalidade a imagem dos nossos pais em diversos aspectos, mas não apenas a dos nossos pais. Também refletimos a de pessoas importantes, como avós, tios, professores e outros adultos que conhecemos na infância. Ainda, apresentamos no caráter traços da nossa raça e da nossa cultura. Freud disse que o ego é um precipitado de identificações, indicando que todas as relações, em particular as da infância e da adolescência, deixam a sua marca na personalidade de cada um. Na verdade, ainda que em menor escala, mesmo na vida adulta nos identificamos com aspectos de outras pessoas, os quais igualmente passam a fazer parte da nossa identidade. Podemos dizer que, inclusive no casamento, os cônjuges assumem características um do outro, as quais perduram mesmo depois de uma eventual separação. O provável é que encontremos nessas pessoas valores e capacidades que desde sempre admiramos, dando início a um processo de identificação. O reconhecimento e a gratidão é que permitem apropriar-se de todas essas identificações, configurando um indivíduo único e autor da sua própria história.

Contudo, em muitos casos a pessoa não se sente autora de sua própria história, razão pela qual não consegue se sentir feliz. A solução que encontra é espelhar-se na vida de outra pessoa, na expectativa, geralmente frustrada, de usufruir suas supostas ou aparentes realizações. Vestir-se como cantores famosos e imitar sua voz e seus gestos é, principalmente entre adolescentes, bastante comum em todas as partes do mundo, mas o fenômeno também é observado entre adultos. Até hoje existem grupos de imitadores do cantor americano Elvis Presley, falecido em 1977. Nos Estados Unidos, um programa de televisão mostra pessoas que fizeram cirurgias para se tornar clones de astros do cinema, formando um contingente de anônimos com cara de famosos. Mesmo na China, uma cultura milenar, mulheres se submetem a cirurgias plásticas para se ocidentalizar fisicamente.

No atual mundo das redes sociais, criou-se a figura do seguidor de celebridades. No início de 2023, o jogador português Cristiano Ronaldo tinha 546 milhões de seguidores no Instagram, e a *socialite* americana Kylie Jenner, 379 milhões. Quanto aos brasileiros, o jogador Neymar tem 204 milhões de seguidores; o ex-jogador Ronaldinho Gaúcho, 71,5 milhões; e a cantora Anitta, 63,6 milhões. Também andam pela casa dos muitos milhões de seguidores os chamados "influenciadores", ou "blogueiros", que ensinam particularmente como se vestir e se comportar em diferentes ambientes, além de o que comer e como se divertir. Também opinam sobre outros assuntos, incluindo política. Até o primeiro semestre de 2022, o Brasil tinha 500 mil influenciadores digitais com mais de 10 mil seguidores, um número equivalente ao de médicos e superior ao de engenheiros civis, dentistas e arquitetos. Se considerarmos os influenciadores com mais de mil seguidores, o número salta para 13 milhões. Observa-se que, não fosse a premente necessidade das pessoas de seguir alguém, dificilmente teria surgido essa nova "profissão", exercida em muitos casos por indivíduos dotados de evidente carência de autenticidade e limitada cultura.

O fundamental nesse processo é a falta de uma imagem interna reconhecida e valorizada. Essa imagem é obtida a partir dos primeiros momentos de vida, quando os olhos (e também as expressões mímicas, as palavras e o contato físico) da mãe são o espelho em que o recém-nascido se vê, proporcionando a ele uma experiência de reconhecimento e valorização que é internalizada e assumida como própria, vindo a configurar o que se convencionou chamar de "autoimagem". O que a psicanálise revelou é que, para uma criança se sentir reconhecida e valorizada, é preciso que primeiro a mãe ou alguém que a substitua reconheça e valorize essa criança, para que carregue consigo essa imagem para sempre. Contudo, essa experiência pode ter sido pouco marcante ou inexistente em alguns indivíduos, tornando-os carentes de espelhos para constituírem uma imagem interna mediante sucessivas e fracassadas tentativas de imitação daquilo que se apresenta como reconhecido e valorizado.

Embora não se possa subestimar esse momento crucial na formação da autoimagem, temos de ter presente que o processo continua com o ingresso do pai, que poderá com suas posturas reforçar um sentimento inicial favorável ou enfraquecê-lo, fazendo o mesmo a mãe com suas condutas posteriores. Observa-se um desenvolvimento de acordo com essa segunda linha quando os pais se mostram invasivos, procurando encaminhar a vida dos filhos conforme valores próprios ou do grupo social ao qual pertencem. Em um número expressivo de casos, constatamos que os filhos seguem uma trajetória que tem início nos primeiros anos escolares com vista a uma determinada formação acadêmica para finalmente assumir uma posição na empresa da família ou seguir a profissão dos pais. Embora esses indivíduos, em muitos casos, alcancem sucesso social e econômico, é provável que se ressintam de uma autoimagem valorizada, porque não tiveram a oportunidade de seguir um caminho por vontade própria.

Precisamos questionar a preocupação excessiva que grande número de pais apresenta em relação não somente à carreira profissional dos filhos, mas também aos amigos que poderão ter, ao esporte ou esportes que vão praticar, às línguas que deverão aprender, ao instrumento musical que deverão tocar e, finalmente, ao grupo social que se sentirão obrigados a integrar. Na atualidade, não é incomum que meninos e meninas com idade entre 16 e 18 anos disponham de *coaches* para orientar sua carreira profissional. Nessa linha, é comum que escolas, clubes e bairros para morar integrem a relação básica de exigências desses pais, que, pela maneira como agem, deixam muito pouco espaço aos filhos para descobrirem suas capacidades e preferências, contribuindo, eventualmente, para uma vida rica exteriormente e pobre interiormente. Não podemos subestimar a realidade de que escolas altamente seletivas do ponto de vista social, econômico, religioso ou de qualquer outra natureza privam as crianças e os adolescentes da oportunidade de conviverem com as diferenças dos colegas e de suas relações familiares e, a partir dessa experiência, reconhecerem as capacidades e tolerarem as limitações dos pais, assim como identificarem os verdadeiros valores da vida. Em outras palavras, tornarem-se seguros de si, inclusive em relação à sexualidade, o que corresponde a uma genuína maturidade emocional, que permite ao indivíduo conviver e adaptar-se em um mundo cujo destino é a diversidade.

Encontram-se inseridos no tema deste capítulo os roteiros de que muitas pessoas vão em busca ao planejar uma viagem, os quais deixam pouca margem para descobertas pessoais, isto é, para que as pessoas façam "a sua viagem". Elas optam, assim, por plagiar a viagem de um amigo ou seguir roteiros fornecidos por revistas e agências de viagens, que muitas vezes são elaborados visando a interesses econômicos. Assim como na vida, numa viagem sempre alguma coisa vai ficar de fora, mas a questão que se encontra em jogo nos dois casos é o sentimento de autenticidade, de sentir-se autor da própria vida. O lamentável é que, com frequência, somente quando não temos mais tempo para recomeçar é que nos damos conta da importância da autoria da nossa vida, que está muito além do que pode ser obtido materialmente. Por conta disso, o melhor que podemos sugerir aos nossos filhos é que nunca deixem de olhar para dentro deles mesmos antes de tomar uma decisão. Em outras palavras, que jamais desprezem suas próprias intuições, pois elas são valiosas, revelam o que eles têm de mais verdadeiro.

Quem sabe, como ponto final deste capítulo sobre vidas espelhadas, caiba um provérbio judaico que diz: "Cuidado com o que desejas, pois poderás ser atendido". Ele nos alerta sobre o perigo de buscarmos o que não nos cabe e termos o azar de conseguir. Isso é muito provável quando se trata de seguirmos caminhos bem-sucedidos já trilhados. Não se trata de inventarmos a roda, como se diz, para pouparmos tempo e, muitas vezes, dinheiro, mas de um risco que corremos quando obtemos sucesso de qualquer natureza que não nos diga respeito. Pode acontecer de assumirmos uma série de compromissos profissionais, morais, econômicos e inclusive familiares que nos dificultam retroceder, mesmo nos dando conta de que não estamos nos realizando pessoalmente. Provavelmente num movimento que corresponde nos dias atuais ao que se convencionou chamar de "crise da meia-idade", muitos indivíduos por volta dos 50 anos têm recorrido ao analista por se sentirem infelizes com suas vidas apesar do sucesso profissional. Estão convencidos de que lhes falta algo, em que pese em algumas situações buscarem de diversas maneiras uma forma de aplacar esse sentimento. O mais comum são as adições, não só de álcool e drogas, mas de quantidades, sejam do que for, numa tentativa de preencher o vazio interior, que só aumenta com o tempo. Muitos deles têm demonstrado uma capacidade surpreendente de reorganizar suas vidas de forma a se sentir felizes, em boa medida em decorrência do reconhecimento de suas próprias capacidades, até então substituídas por caminhos facilitados.

18

AMIZADE E VIDA PSÍQUICA

A amizade é um assunto que, embora pouco abordado pela literatura psicanalítica, sempre mereceu, a nosso ver, a importância que a ele concedeu Cícero, no ano 44 a.C., no ensaio *Sobre a amizade*, oferecido ao seu amigo de toda uma vida, Ático, ao dizer: "A vida sem amigos, não vale a pena viver". Causa perplexidade, no entanto, a tendência atual, propiciada pelas redes sociais, de ter não apenas alguns amigos, como no passado, mas dezenas, centenas e até milhares. A diferença é que as amizades do passado eram sólidas, e as atuais, empregando um termo do sociólogo Zygmunt Bauman, são líquidas. Apesar do crescimento exponencial das amizades que fluem pela internet a uma velocidade de 500 MB, percebemos que alguns, ao lado dos "amigos do Face", conservam os amigos de verdade. Segundo Bauman, a grande vantagem dos "amigos do Face" é a facilidade com que eles passam a integrar a nossa lista de amizades e, principalmente, a facilidade com que podem ser excluídos. Basta um simples toque de botão no computador e logo muitos outros "amigos" os substituem. A decisão pode ser imediata, sem grandes reflexões, e o mais importante: não precisa ser justificada.

Originalmente, o conceito de amizade indicava proximidade física e geográfica. Contudo, os meios de transporte, que tantos avanços trouxeram à civilização, determinaram um progressivo e cada vez mais acentuado afastamento dos amigos, a ponto de Thomas Jefferson escrever que, por essa razão, o cavalo já fora um erro. Não obstante, se por um lado o grande deslocamento observado na atualidade mantém longe os amigos, pensamos que, por outro, são as amizades verdadeiras que encurtam as distâncias no mundo globalizado em que vivemos, ao mesmo tempo que criam a possibilidade de contarmos com amigos nos mais distantes e variados pontos do mundo. Numa linguagem poética, diríamos que as amizades são as pontes que unem as ilhas de individualismo e isolamento que caracterizam a vida moderna.

Freud, sem dúvida, além de cientista, foi um grande homem – um estoico, como disse Peter Gay –, capaz de manter, até o final da vida, fortes vínculos familiares e profundas amizades, em que pese algumas das mais intensas terem resultado em sofridas decepções, como Adler em 1911, Steckel em 1912 e Jung em 1914, para citar as mais importantes. Portanto, não foi sem motivo que declarou, em 1926, aos 70 anos, que preferia a companhia dos animais à companhia humana. Quem sabe por essa razão a obra de Freud e, por extensão, o restante da literatura psicanalítica tenham dedicado tão poucas linhas à amizade. Outra causa para essa omissão pode ser o fato de a amizade, como apontou Freud, consistir em uma manifestação modificada das universais tendências homossexuais do ser humano, acrescentando-se a observação de que, para ele, esse relacionamento se estabelece apenas entre indivíduos do sexo masculino. Numa rara referência a esse tema, Freud escreveu em 1921 que, no desenvolvimento da humanidade, só o amor atua como fator civilizador, ao transformar egoísmo em altruísmo, acentuando que, no nível individual, isso é verdade tanto no amor heterossexual pela mulher quanto no amor homossexual por outro homem.

O ponto de vista de Freud é que essa forma de relacionamento, no qual pensamos que devem ser incluídas as mulheres, é possibilitada pela inibição ou dessexualização da meta pulsional, que vai gerar tanto a amizade quanto a ternura nas relações familiares. Nessa linha encontra-se a sublimação, quando a troca da meta da pulsão sexual se faz por uma atividade aceita e valorizada socialmente. Apesar da sua importância, Freud e os teóricos que deram continuidade à sua obra não desenvolveram suficientemente esse conceito, que evoca a palavra "sublime", a qual é particularmente utilizada no âmbito das artes, mas que também cabe quando enfocamos a amizade, devido ao seu elevado valor e reconhecimento social. Acentuou McDougall que a sublimação tem como base o universo somatopsíquico da sexualidade, que, na fase edípica, comporta as versões hétero e homossexual. Mediante o uso desse mecanismo, o ego, em vez de recorrer ao recalcamento da pulsão sexual, procura derivá-la em uma direção diferente da original, adquirindo uma maior complexidade e criando novos níveis de satisfação, os quais assumem características culturais, e, por esse meio, obtém-se o amor do superego, elevando-se, como resultado, a autoestima. No entanto, quando são desinvestidos os vínculos homossexuais sublimados, por retração libidinal o indivíduo retorna ao narcisismo e passa a sobreinvestir libidinalmente o ego, como se observa na paranoia, a qual, portanto, vai no caminho inverso da amizade.

Por tudo isso, a amizade deve ser considerada um fator de satisfação pessoal e integração social, mas também um elemento que contribui para o equilíbrio psíquico e a saúde mental, servindo de apoio nos momentos em que nos sentimos fragilizados. As amizades representam fortalezas que nos protegem das adversidades. Assim, no final da adolescência, com o descenso do ideal endogâmico, o jovem ingressa em um novo espaço, conotado com um significado diferencial a partir do estabelecimento de metas ligadas às atividades laborais e ao amor em um contexto extrafamiliar. No entanto, o sucesso nessa incursão em espaços e vínculos extrafamiliares somente é atingido após o percurso por um caminho difícil ao longo das etapas anteriores da adolescência, com barreiras que cobram para serem ultrapassadas: a elaboração de lutos, o estabelecimento de novas representações, a constituição de novas identificações e, como meta mais exitosa, o acesso a formas de maior complexidade nas relações com o outro – uma conquista que institui a alteridade e, por via de consequência, a genitalidade adulta. Então, tudo que era percebido como quantidade se organizará como qualidade psíquica, e o desejo buscará o além de mim. Nessa caminhada, o indivíduo não encontrará jamais a satisfação plena e definitiva, mas construirá sentidos para a sua vida, em uma gama infinita de possibilidades, na sua relação com o desconhecido outro. Do respeito pelo desconhecido outro, que na adolescência tem uma vinculação direta com os amigos, nascem a ética e a hospitalidade no relacionamento humano.

Raquel Zak de Goldstein postula que a amizade permite sustentar o desejo de viver; o gosto pela vida, seus prazeres e ilusões; os ideais; nossa continuidade; e, sobretudo, permite tolerar as incertezas. De fato, são os amigos que, mesmo quando atingimos uma idade avançada, sustentam o nosso amor próprio e a nossa alegria de viver. Eles são as testemunhas do nosso passado, daquilo que já não exibimos ou entregamos. São testemunhas, podemos dizer, do nosso passado "glorioso", ao manterem na lembrança nossas conquistas e nossos enfrentamentos dos reveses. Os amigos são, portanto, generosos espelhos da nossa vida. Eles sempre nos dizem que estamos muito bem, que nada mudamos com o passar dos anos, mesmo que os anos sejam muitos. Têm razão; eles nos olham como nós fomos, de certa forma como internamente continuamos sendo, apesar das mudanças externas. Costumamos brincar dizendo que os amigos nos mantêm jovens e bonitos, lembrando que, para Winnicott, a brincadeira fornece a organização para a iniciação de relações emocionais e, assim, propicia o desenvolvimento de contatos sociais – o substrato de que a amizade é feita. De acordo com esse autor, a experiência da mutualidade propiciada pela relação mãe-bebê é a base de todas as formas posteriores de intimidade, entre as quais se inclui a amizade. Podemos dizer que, ao passo que na perspectiva freudiana a amizade remete à noção de pulsão sexual de meta inibida, na perspectiva winnicottiana a amizade remete complementarmente às noções de intimidade, espaço potencial, reconhecimento da alteridade e concernimento.

Na terapia psicanalítica, ao lado do prazer sexual, do sucesso profissional e da constituição de uma família, as amizades genuínas devem ser consideradas no âmbito da advertência de Freud de que a capacidade de sublimação é essencial para o resultado do tratamento. A impossibilidade de se obter satisfação com os valores sociais e com as amizades não impede de desfrutar a vida, mas a mantém rasa e vulnerável. No material analítico, a ausência ou pobreza de amizades e, principalmente, a exclusão de assuntos relacionados com esse tema podem representar uma defesa contra fantasias homossexuais. É indispensável ter presente, como acentuou Freud em *O caso Schreber*, que, mesmo após a eleição do objeto heterossexual, as aspirações homossexuais não são interrompidas ou abandonadas; são simplesmente desviadas da meta sexual e conduzidas a novas aplicações. Aliam-se às pulsões do ego como componentes ligados para gerar a pulsão social, que constitui uma contribuição do erotismo à amizade, à camaradagem, ao sentimento comunitário e ao amor universal pela humanidade.

Em que pese a importância dessas contribuições da psicanálise, aos poetas devemos tributar a maior profundidade do sentido da amizade para a alma humana. Diz Machado de Assis nos primeiros versos do poema *Bons amigos*:

> Abençoados os que possuem amigos, os que os têm sem pedir
> Porque amigo não se pede, não se compra, nem se vende
> Amigo a gente sente!

Vinicius de Moraes, numa crônica intitulada *Aos meus amigos*, refere que a amizade é um sentimento mais nobre do que o amor, pois permite que o objeto dela se divida em outros afetos, ao passo que o amor tem intrínseca a cisma que não admite a rivalidade, concluindo: "Eu poderia suportar, embora não sem dor, que tivessem morrido todos os meus amores, mas enlouqueceria se morressem todos os meus amigos". O poeta provavelmente também "enlouqueceria" se morressem todos os seus familiares, cuja ligação é da mesma natureza das amizades, constituindo, aliás, seu fundamento. Contudo, quem sabe não escapasse ao poeta que a amizade sucede e representa os laços familiares, principalmente aqueles mais primitivos, nos quais predominam a segurança e a confiança no objeto. Como lembra Mario Quintana, é na dificuldade que se reconhecem os amigos. Acrescentaríamos que ter amigos faz com que possamos nos sentir acompanhados mesmo quando estamos sozinhos. Isso ocorre porque, diferentemente de outros relacionamentos, a amizade tem a particularidade de não esvanecer, nem com a passagem do tempo, nem com a distância. Nós não encontramos os amigos; nós os reencontramos, pois com eles lembramos e revivemos o tempo em que estivemos juntos. Não conseguimos promover uma amizade, por mais que nos esforcemos. Ela surge como resultado de uma afinidade egoica que amalgama inconscientemente duas pessoas num verdadeiro pacto de unidade, confiabilidade e fidelidade, muito além de suas eventuais diferenças profissionais, culturais, religiosas, sociais e econômicas.

Cabe, ainda, destacar na crônica de Vinicius de Moraes a relação que estabelece entre os sentimentos de amor e amizade. O escritor francês Michel Tournier acentuou que a grande diferença entre amor e amizade é que não pode haver amizade sem reciprocidade, ao passo que o amor nem sempre é pago na mesma moeda. Além disso, acentua, a amizade não exige exclusividade, como acontece quase sempre no caso do amor. Realmente, amor e amizade são sentimentos distintos e dificilmente podem ser mantidos em relação à mesma pessoa. A amizade se aproxima mais da ternura, sentimento que nutrimos por pais, irmãos e filhos. Contudo, principalmente na relação com os últimos, não deve haver dúvida sobre as diferenças. Ao se tornar amigo do filho, o pai se afasta de suas importantes funções específicas, que incluem o estímulo para que o filho tenha seus amigos, assim como ele tem os seus, como forma de criar um campo extrafamiliar de identificações. Entre irmãos, em que pese a natural rivalidade, a amizade é mais plausível.

A amizade, portanto, é um lenitivo para a vida psíquica a partir da culminação da etapa desenvolvimental de separação-individuação, principalmente em momentos de sofrimento, perdas e desamparo. Na verdade, o ato de compartir um sentimento de amizade tem um elevado potencial curativo, agindo contra a ansiedade, a tristeza e a depressão. Não sem razão, é um amigo que procuramos para nos consolar quando perdemos um amor. Na canção *Tesouro maior*, de Lu Carvalho e Alceu Maia, letra e música configuram uma poética sobre a amizade que encanta e comove:

> Amigo é o tesouro maior que se encontra na vida
> Amigo é sempre chegada, nunca despedida
> Amigo de fé, realmente, é difícil encontrar
> Mas, quando se acha, o peito é o lugar de guardar
>
> Encontrar um amigo é ter a certeza
> Que existe alguém que se pode contar
> É poder, sem receio, em voz alta sonhar
> Dividir alegrias, tristezas, o medo e até solidão
>
> É dormir com a certeza
> Que alguém te tem no coração
> De que vale dinheiro, carrões importados
> Castelos e casas com vista pro mar
> Se você vive sozinho, só sabe chorar
> Pense nisto, parceiro
> Pois esse é um conselho pra gente seguir
> Posso não ter de tudo

Mas tenho amigos e posso sorrir
Amigo é quem sabe ouvir
Amigo é quem sabe se dar

Amigo é uma flor que a gente tem que cultivar
Amigo é quem sabe ouvir, amigo é quem sabe se dar
Amigo é a riqueza maior que se pode encontrar

19

A VIDA PRECISA SER INVENTADA

Faz algum tempo que concluímos que a vida não existe, que ela precisa ser inventada por cada indivíduo, pois uma mesma vida, se realmente vivida, não serve para duas pessoas. Contudo, levamos algum tempo para desenvolver essa ideia: precisávamos de uma autenticação bibliográfica reconhecida, da mesma forma que um documento precisa do carimbo do cartório para se tornar merecedor de crédito. Essa situação, contudo, configura uma reprodução da atitude que as pessoas de maneira geral mantêm em relação a uma porção de regras sociais e familiares que as impedem de inventar a sua própria vida. Essa limitação inicia pelo nome recebido pelo indivíduo ao nascer, denominado "próprio" embora não seja da sua escolha e muitas vezes corresponda a um desejo dos pais quanto ao seu destino. Em alguns casos, o nome representa um verdadeiro mandato que deverá ser cumprido para merecer o amor dos pais e evitar a culpa por não atender às suas expectativas. Como resultado, uma parcela dos seres humanos, desde sempre, atende por um nome que não condiz com o seu gosto e vive uma vida que não escolheu.

Existem pais, contudo, que conseguem conter sua ansiedade frente às incertezas e aos desafios que cercam a vida de um filho, não se antecipando a esses acontecimentos nem escolhendo por ele os caminhos que lhes parecem mais promissores. Ao agirem dessa forma, transmitem ao filho um sentimento de confiança em suas capacidades, que vai impulsionar suas iniciativas no sentido de criar uma vida própria, a única capaz de oferecer ao indivíduo a almejada sensação interna de realização. Ser feliz não é ter uma vida perfeita, mas se tornar autor da própria história. Não são as certezas, mas os sonhos que embalam a vida.

Um exemplo ilustra como a atitude "bondosa" de um pai pode dificultar a vida de um filho. Trata-se de Lorenzo, que, aos 28 anos, procurou tratamento movido pela dificuldade de desenvolver uma atividade profissional e manter um relacionamento amoroso. Segundo suas palavras, tanto numa situação quanto na outra faltava-lhe convicção sobre suas escolhas. Contou que, ao concluir a faculdade, ganhou do pai um carro e um apartamento, ambos, segundo referiu, de categoria exageradamente elevada para um jovem de 21 anos. Essa atitude inusitada tornou sem valor o curso que Lorenzo realizara, pela impossibilidade de ele lhe proporcionar em curto e médio prazo um ganho à altura dos presentes recebidos. Tudo que fazia para ganhar dinheiro logo se mostrava insignificante.

Não podemos esquecer que todas as pessoas têm um talento, que, para ser revelado, exige condições especiais encontradas no pleno exercício da espontaneidade, nunca em trajetórias preestabelecidas. Trata-se, na verdade, de uma descoberta, quem sabe a mais preciosa que a vida pode nos proporcionar. Não obstante, essa procura nos coloca na senda do caminho longo da vida, e a nossa preferência natural é pelo caminho curto, principalmente quando falta a confiança nas nossas capacidades. Nessa condição, somos levados a seguir os passos indicados pelos pais ou simplesmente eleger a vida de alguém que aparenta ser feliz. Aliás, sobre esse tema, destacou Bruckner que vivemos uma época em que ser feliz se tornou uma obrigação. Fazemos de tudo para nos sentirmos felizes e buscamos em todos os lugares a felicidade, que no passado era apresentada por palavras e, na modernidade, por imagens. Essas imagens nos são oferecidas maciçamente pela televisão, pelos *outdoors* e, atualmente, pelos blogueiros e *influencers*, os quais as pessoas procuram imitar no afã de se sentirem felizes. A depressão que observamos no mundo ocidental, atingindo cada vez mais a população, é em boa medida o mal de uma época que resolveu ser feliz a qualquer preço. O culto da felicidade é o novo entorpecente coletivo que domina as sociedades ocidentais, ao qual todos devem se entregar, em suas modalidades químicas, espirituais, psicológicas, informáticas ou religiosas. O referido pensador francês chamou de "dever de felicidade" essa ideologia que obriga a avaliar tudo sob a óptica do prazer – a grande obsessão do homem moderno, que, ao não obter sucesso nessa busca incessante, cai em depressão.

Nessa linha, aos filhos, não procuramos mais transmitir valores, mas a ideia de que precisam ser felizes de qualquer maneira, e não medimos esforços para lhes proporcionar todas as possibilidades de satisfação e lhes poupar de todas as frustrações, inclusive as inerentes à vida. Na nossa cultura, infelicidade não é apenas infelicidade; é o fracasso da nossa felicidade. Sentimo-nos envergonhados quando não estamos felizes. Vivemos o mal-estar de não conseguir desfrutar a felicidade que os meios de comunicação e, principalmente, nos últimos anos, as redes sociais nos dizem que os outros desfrutam. No mundo atual, a felicidade se apresenta aos nossos sentidos sob variadas formas: beleza, saúde, liberdade, sucesso, amor, poder, viagens, automóvel, moradia, casa na praia, dinheiro e tantas outras. Por não termos sido educados a procurar a felicidade dentro de nós mesmos, sem sucesso a procuramos de todas as formas e em todos os lugares.

Disse Confúcio, nos anos 500 a.C., que nós temos duas vidas, e a segunda começa quando descobrimos que temos apenas uma. Lamentavelmente, a maioria das pessoas leva muito tempo para tomar consciência dessa realidade, como se a vida não tivesse fim. Algumas, no entanto, adquirem esse conhecimento muito cedo, com frequência devido à necessidade de garantirem seu sustento precocemente. Essa constatação é condizente com a ideia de que, embora não seja desejável, a falta é menos prejudicial na vida de um indivíduo do que o excesso. Sem falar que uma patologia que podemos considerar como típica da pós-modernidade é justamente "a falta da falta", responsável por um permanente sentimento de insatisfação, que impõe uma voluptuosa busca de prazer sem a intermediação do desejo, base de uma vida mental rica e criativa. Cabe uma explicação: somente quando falta o objeto propiciador do amparo e do carinho é que a criança adquire a capacidade de frustração e viabiliza a consequente postergação do prazer o qual passa a ser intermediado pelo desejo gerador da fantasia que os poetas exaltam em seus versos e em lindas canções. É o que diz Vinicius de Moraes no *Samba da bênção*:

> É melhor ser alegre que ser triste
> Alegria é a melhor coisa que existe
> É assim como a luz no coração
>
> Mas pra fazer um samba com beleza
> É preciso um bocado de tristeza
> É preciso um bocado de tristeza
> Senão não se faz um samba, não

Em outras palavras, poderíamos dizer que só se acha um amor depois de perdê-lo. Seguindo nessa linha, lembramos um antigo gracejo citado por Freud – "O amor é a saudade de casa" – e uma frase de Mario Quintana: "Só o que está perdido é nosso para sempre". Com isso queremos enfatizar que os excessos de satisfação, estabelecendo um funcionamento psíquico regido pela lógica de tensão-alívio, essencialmente quantitativa e indiferenciada, não estimulam o desenvolvimento de uma vida mental imaginativa, na qual predominam a discriminação e a qualidade das experiências de qualquer natureza.

Aos pais, evidentemente, cabe a missão de ajudar os filhos no momento em que nascem, ao longo da infância, durante a adolescência e até mesmo depois de adultos. Contudo, embora essa ajuda apresente diferenças marcantes em cada uma dessas etapas, todas devem visar ao mesmo objetivo, que consiste na pedra fundamental da educação regida pelo verdadeiro amor aos filhos: preparar indivíduos autônomos e independentes. Com "autonomia" queremos dizer liberdade de escolha sem temores ou culpa, e com "independência" nos referimos principalmente à questão econômica, mas também aos modelos de relacionamento. Sem essas duas condições, dificilmente um filho sentirá gratidão pelos pais, pois não conhecerá a felicidade de ter uma vida própria, ser o autor de sua história, como destacamos anteriormente. Essa situação evidencia que a qualidade do legado dos pais é mais importante do que a quantidade, como temos observado no grande número de casos que atendemos em uma longa trajetória profissional. Se a criação não configurasse a fruição suprema do ser humano, provavelmente ninguém seria levado a escrever um livro, compor uma música ou pintar um quadro. Reforça a importância da criação o fato histórico de que, pelo menos até aproximadamente o século XV, o plágio de uma de obra de arte representava um elogio ao artista.

Para ilustrar essas colocações, na sequência vamos descrever abreviadamente dois casos.

> Mário e sua irmã são filhos de um casal de modestos agricultores de um pequeno e longínquo município do interior. Embora com pouca escolaridade, o casal estimulou os filhos a estudar, o que fizeram em escolas públicas, devido à carência econômica da família. Não sem dificuldade, econômica e de base escolar, ingressaram em uma universidade federal e se graduaram em medicina. Mário retornou ao Brasil após um doutorado obtido com a ajuda de uma bolsa de estudos. A irmã, depois de concluir os estudos, igualmente viabilizados por bolsa de estudos, permaneceu no exterior como professora da universidade em que realizara a pós-graduação. Por meio de Mário, tivemos a oportunidade de tomar conhecimento das mais comoventes demonstrações de reconhecimento de dois filhos de um casal que embasou suas vidas no que existe de mais precioso no relacionamento entre pais e filhos: o amor. Quando um filho sente o amor dos pais, pouco mais é necessário para construir uma vida feliz e desfrutar o sentimento mais elevado do ser humano: a gratidão. A falta, no caso de Mário e sua irmã, não gerou um vazio, mas o sonho de uma vida de sucesso profissional que compartilham com os pais, proporcionando a eles um envelhecimento confortável e feliz na convivência com os filhos. Essa situação evidencia a marcante diferença entre falta e vazio, sendo a primeira essencialmente quantitativa, e o segundo, qualitativo, quando se tem tudo do ponto de vista material, mas se carece do estímulo criativo.

> O outro caso é de um empresário, que chamaremos de Paulo. Ele procurou tratamento aos 55 anos, movido por um sentimento de grande infelicidade profissional e conjugal, o qual era mitigado pelo uso de bebidas alcoólicas. Seus dois filhos, com idades de 27 e 30 anos, um casado e outro noivo, trabalhavam com ele em sua empresa desde a conclusão do curso superior. É chamativo, no caso, o fato de essa situação representar uma repetição da vida de Paulo, que também ingressou cedo na

empresa do pai, o qual, ao se aposentar, passou-lhe a presidência. A diferença é que seu irmão e sua irmã, nascidos dois e quatro anos depois dele, respectivamente, não se prenderam ao negócio da família. Ambos são profissionais liberais e, embora mais modestamente do que Paulo, usufruem uma vida bem confortável. A esposa é professora universitária. Paulo dedica-se excessivamente ao trabalho (ele mesmo se considera um *workaholic*) e, como todos reconhecem, tem grande capacidade empresarial, obtendo elevados ganhos com o crescimento e a expansão dos negócios. Não obstante, não se sente uma pessoa plenamente realizada, pois tudo que faz tem uma marca de procedência que não lhe pertence. Reconhece que boa parte do seu trabalho visa a conquistar algo que considere verdadeiramente seu, e o fracasso nessa busca faz com que se deprima e encontre no alcoolismo um apaziguamento psíquico. Ao longo do tratamento, Paulo se deu conta do seu sentimento infantil de desvalorização, o qual resultou em uma necessidade imperiosa de sucesso para resgatar o amor exclusivo dos pais, que um dia sentiu ter e que supostamente foi perdido quando o irmão nasceu e, ainda mais, quando a irmã veio ao mundo e se tornou a "princesinha da casa". O mesmo sentimento foi responsável pela pseudomaturidade de Paulo, um traço de caráter que implica pular etapas da vida para alcançar rapidamente uma posição valorizada como adulto. Essas verdadeiras ilhas de vida deixadas de lado, não desfrutadas, mobilizam no indivíduo uma sensação de dívida com o seu próprio passado, gerando um estado de permanente insatisfação, como ficou evidente no caso de Paulo. Não obstante, esse paciente foi capaz de retomar seu percurso de vida, iniciando com uma recomposição societária mais equilibrada entre os irmãos e a criação de um conselho administrativo familiar com a participação de ambos. Reconhecia, dessa forma, que ele não era nem o mais amado dos filhos (posição que procurava obter com o sucesso profissional), nem o menos (como se sentira com o nascimento dos irmãos), ao mesmo tempo que, com essa decisão, aplacava seu sentimento de culpa gerado pela ganância. Em relação aos filhos, agora busca fazê-los ver que a felicidade não resulta de bens materiais e que contam com a sua ajuda para traçarem suas vidas com total liberdade, representando os negócios da família apenas uma das trajetórias que podem seguir. A mudança da relação com os irmãos, que seguiram vida própria, demonstrando agora os valorizar, certamente contribuirá para que os filhos, ainda jovens, se sintam estimulados a repensar suas carreiras profissionais. Por último, não foi difícil para Paulo tomar consciência de que seu desajuste conjugal resultava, em primeiro lugar, de ver na esposa a irmã "princesinha da casa" que, na infância, reforçava o sentimento de ter perdido o amor dos pais quando o irmão nasceu. Em segundo lugar, pesava o fato de ela ter um trabalho seu, mesmo dispondo de tudo que ele lhe proporcionava, e nunca ter se deslumbrado com a riqueza, apesar de sua origem humilde. Reconhecendo e aceitando os inegáveis valores da esposa, tem podido usufruir um relacionamento conjugal de melhor qualidade. Entendemos que o fato de a desvalorização de Paulo ter resultado mais do seu egoísmo do que de um real abandono dos pais, ou mesmo de exigências por eles impostas ao filho, permitiu que resgatasse em sua análise o amor perdido em sua fantasia e restabelecesse os vínculos com os pais, os irmãos, os filhos e a esposa. Esse resgate, consequente de mudanças internas, vem possibilitando que se sinta mais valorizado e feliz. Por estar conseguindo reparar seu passado, Paulo tem consumido menos álcool do que costumava consumir diariamente quando iniciou o tratamento.

Concluindo: diferentemente do paciente Mário e de sua irmã, para quem a pobreza ao nascer realçou o amor dos pais, no caso de Paulo a riqueza que buscou obter não compensou o amor que supôs ter perdido com o nascimento dos irmãos. Os dois casos, no entanto, colocam em evidência a necessidade de todo indivíduo de buscar a construção da sua própria vida, muito além da condição econômica da família. Nessa busca, deve ser priorizada a conquista de uma vida autônoma e independente, para que se encontre a felicidade e a gratidão aos pais por terem ajudado na origem dessa jornada exitosa. É compreensível que os pais queiram o melhor para os seus filhos e procurem evitar as dificuldades que muitas vezes enfrentaram. Contudo, ao agirem dessa forma, tiram o legítimo direito dos filhos de escolherem a vida que desejam ter de acordo com as suas preferências e capacidades, única forma de se sentirem possuidores de uma vida que verdadeiramente lhes pertence. Ao mesmo tempo, é preciso que se capacitem para enfrentar as dificuldades que naturalmente se impõem de forma progressiva ao ser humano ao longo do seu desenvolvimento, da infância à velhice, passando pelos impasses da adolescência e pelas exigências da vida adulta. Casos extremos em que os pais, em razão de um egoísmo ou narcisismo exacerbado, impõem aos filhos um projeto de vida que, para não perder o seu amor, são impelidos a obedecer representam um verdadeiro filicídio, muitas vezes praticado pelos próprios filhos ao se suicidarem por uma absoluta falta de razão para viver.

20

SOBRE A TRANSITORIEDADE DA VIDA

Vacilamos ao decidir se deveríamos incluir o tema da finitude neste livro que trata da vida, mas abordá-lo na perspectiva apresentada por Freud no artigo *Sobre a transitoriedade*, cujo título refere-se à existência, parece fazer todo o sentido, se levarmos em consideração a inevitabilidade da morte e as consequências nefastas da sua negação. Será que podemos passar a vida sem ter presente a realidade de que um dia vamos deixar de existir? E ainda: aceitando essa realidade, conseguimos abrir mão da esperança e, por vezes, da convicção da existência da continuidade da vida depois da morte em outra dimensão? No referido artigo, Freud relata uma caminhada com um poeta em meio a uma florescente paisagem de verão, experiência da qual seu companheiro não conseguia extrair qualquer alegria. Perturbava-o o pensamento de que toda aquela beleza desapareceria quando sobreviesse o inverno, assim como toda beleza humana e tudo que o homem criou e poderá criar estavam destinados a perecer. Até mesmo o que ele amara e admirara parecia-lhe despojado de valor por estar fadado à transitoriedade.

Freud opôs-se ao poeta ao sustentar que não é cabível desvalorizar o belo pela sua efemeridade; ao contrário, deveríamos aumentar o seu valor. A limitação das possibilidades de fruição eleva sua preciosidade. É certo que o inverno repetidamente põe fim à beleza das plantas, mas elas renascem no ano seguinte, e com isso se renova a nossa alegria. Diferentemente, assistimos a nosso corpo, nossas feições desvanecerem devido à passagem do tempo, em um movimento contínuo, sem retorno. Essa realidade deveria tirar a beleza da vida ou dotá-la de uma beleza ainda maior? Ela não se enriquece com a passagem do tempo? Parece que temos uma natural dificuldade de conviver com as perdas. Desejamos manter para sempre tudo que apreciamos e amamos, assim como não abrimos mão do nosso anseio de eternidade.

Reportamo-nos novamente a Freud, para quem o narcisismo da humanidade enfrentou três grandes golpes ao longo da sua existência. O primeiro foi cosmológico, com Copérnico provando que a Terra não era o centro do Universo. Depois veio o biológico, com Darwin pondo fim à pretensão humana de ter uma ascendência divina que distinguisse o homem dos demais representantes do reino animal. O terceiro foi o psicológico, para o qual contribuiu a psicanálise com a descoberta do inconsciente, uma instância psíquica que rege as nossas escolhas, obrigando o ser humano a reconhecer que ele não é o senhor da sua própria casa. Não obstante, é provável que o mais aterrador impacto sobre o narcisismo da humanidade seja exatamente a aceitação da morte, razão pela qual de diversas formas procuramos negá-la. O historiador Fustel de Coulanges acentua que, por mais que remontemos a outros períodos da história, notamos não ter o homem jamais acreditado que tudo acabasse com a morte. De fato, as mais antigas gerações, muito antes de existirem filósofos, já concebiam uma existência depois da morte. Votos aos mortos de uma feliz existência embaixo da terra eram comuns nas cerimônias fúnebres de diversos povos. A convicção da continuidade da vida era tão grande que, na Antiguidade, além de enterrarem com o morto objetos de que pudesse precisar, colocavam sobre o túmulo vinho e alimentos para mitigar a sede e a fome. A mesma fantasia que hoje existe a respeito do Céu, os antigos tinham sobre a vida embaixo da terra. Eles acreditavam na existência de uma região subterrânea onde todas as almas se reuniam para viverem juntas, sendo as penas e as recompensas distribuídas segundo a conduta que o homem tivera durante a vida. Essa religião dos mortos parece ter sido a mais antiga que existiu. Foi, portanto, por meio da morte que o homem pela primeira vez teve a ideia do sobrenatural e quis tomar para si mais do que o que lhe era legítimo esperar da sua qualidade de humano. A morte teria sido o primeiro mistério da humanidade, colocando o homem no caminho de outros mistérios, e elevou o seu pensamento do visível ao invisível, do humano ao divino e do transitório ao eterno. Os gregos antigos imaginavam que havia um lugar, que chamavam de Campos Elíseos, para onde iam os virtuosos quando morriam, e lá desfrutavam uma eterna felicidade. O reconhecimento da finitude nos priva da esperança de uma felicidade eterna embaixo da terra, nos Campos Elíseos ou no Céu, para onde a maioria das religiões promete nos encaminhar se cumprirmos suas regras, mas não nos levaria a conceder à vida um valor mais elevado e a procurar usufruí-la da melhor maneira possível?

Em dezembro de 2014, o escritor Oliver Sacks, aos 81 anos, foi diagnosticado com câncer incurável. Como médico, não poderia negar que lhe sobravam poucos meses de vida. Não obstante, declarou que estava feliz porque naquele ano concluíra seu livro de memórias (*Sempre em movimento*) e conseguira, pela primeira vez na vida, fazer uma declaração total e franca sobre a sua homossexualidade. Como disse: "Enfrentar o mundo de peito aberto, sem mais trancar segredos culposamente dentro de mim". Ele faleceu em 30 de agosto de 2015, mas, nos meses que antecederam a sua morte, Sacks publicou no jornal *The New York Times* três marcantes artigos. No primeiro, intitulado *My own life,* refere que nos últimos anos tinha sido capaz de ver a sua vida como que de uma grande altitude, como uma espécie de paisagem, e com uma noção crescente de todas as suas partes. Não queria dizer com isso que já não desejava mais nada com a vida. Muito pelo contrário, sentia-se intensamente vivo e, no tempo que lhe restava, desejava aprofundar suas amizades, dizer adeus às pessoas que amava, escrever ainda mais, viajar até quando tivesse forças e atingir novos patamares de compreensão e descortino. Suas palavras foram: "Durante os meses que restam, quero viver do modo mais rico, profundo e produtivo que puder".

O segundo artigo de Sacks chamou-se *Minha tabela periódica*, uma volta ao seu interesse de menino pelos metais e minerais, esses pequenos emblemas de eternidade. O terceiro, publicado duas semanas antes de sua morte, teve como título e tema uma comemoração judaica: *Shabat*. Escreveu: "Encontro meus pensamentos rumando em direção ao *Shabat*, o dia de descanso, o sétimo dia da semana, e talvez o sétimo dia da nossa vida também, quando podemos sentir que nosso trabalho está feito e, com a consciência em paz, descansar". Sacks pensava que quem morre não pode ser substituído; deixa lacunas que não podem ser preenchidas, pois é o destino de todo ser humano, como procuramos evidenciar neste capítulo, ser uma pessoa única, encontrar seu próprio caminho, viver sua própria vida, morrer sua própria morte. Esse médico neurologista escreveu vários livros que vale a pena ler para aprender com ele a viver, mas também a morrer, pois ele chama a atenção para a importância da gratidão para mitigar a tristeza de enfrentar o final da vida.

21

A ARTE DE ENVELHECER

No mundo ocidental, até 60 ou 70 anos atrás, as etapas da vida eram bem demarcadas: infância, adolescência, fase adulta e velhice. Não apenas as faixas etárias contribuíam para essa delimitação. Também a conduta dos indivíduos e a maneira como eram tratados socialmente exerciam sua influência. Havia, além disso, valores correspondentes a cada uma das etapas, e em relação aos idosos, homens ou mulheres, não era diferente. Certamente não incorremos em engano ao afirmar que eram eles que desfrutavam na sociedade de maior respeito, consideração e até mesmo admiração, independentemente da classe social e econômica, o que não acontecia com os adultos. Se considerarmos tempos mais antigos, essa constatação será ainda mais nítida. Cabe destacar, no entanto, que não havia em relação à criança a valorização e a dedicação que se constatam nos dias atuais, por parte tanto dos pais quanto do Estado. Esse crescimento se deu no caminho inverso do observado com o velho, que perdeu sua importância e passou a receber menos cuidado e atenção, por parte tanto da família quanto do Estado.

Ao mesmo tempo, em oposição à demarcação inicialmente referida, criou-se nos últimos anos um estereótipo cultural que podemos denominar de "jovem", o qual não tem faixa etária definida, mas é admirado por crianças, adolescentes, adultos e velhos de ambos os sexos. O "jovem" é um modelo, principalmente de comportamento, que as pessoas de todas as idades e posições socioeconômicas procuram copiar. Esse modelo envolve também um corpo, que deve ser moldado em uma academia. Opostamente à criança, que com o passar do tempo mais se aproxima desse modelo, o idoso cada vez mais se afasta, e procurar manter-se alinhado com ele a partir de um certo ponto pode ser patético.

Essa situação merece uma análise, que procuramos fazer neste capítulo, indicando que essa mudança não oferece apenas perdas para o envelhecimento, mas também muitas vantagens, se o indivíduo conseguir administrar adequadamente essa etapa da vida. O primeiro fator a ser levado em conta se relaciona com a longevidade. De acordo com o IBGE, de 1940 a 2019 a expectativa de vida do brasileiro aumentou 31 anos. Uma pessoa com 50 anos em 1940 tinha a expectativa de viver mais 19 anos. Na atualidade, essa expectativa ultrapassa os 30 anos. O segundo fator diz respeito à qualidade de vida, ou seja, vive-se não apenas mais tempo, mas também com melhor qualidade, resultante dos avanços da ciência e da crescente importância concedida à alimentação, ao sono e aos exercícios físicos. Esses dois fatores interferem direta e favoravelmente na vida profissional e amorosa de homens e mulheres. Dificilmente em 1940 alguém com 55 a 60 anos se animaria a dar início a uma nova atividade profissional ou a um novo relacionamento amoroso, como se observa frequentemente em nossos dias. Essa nova condição proporciona às pessoas a possibilidade de desfrutar a vida não apenas uma, mas duas vezes, e eventualmente a segunda é bem melhor do que a primeira, apesar da diferença de idade entre a primeira e a segunda vida. Começar de novo, cabe reconhecer, não é fácil, mas pode ser muito gratificante. Abordo esse tema em um capítulo do livro *Conflitos da vida real*, no qual descrevo vários tipos de recomeço da vida: adaptativo, defensivo, evolutivo, reconstrutivo, traumático e uma situação especial em que pessoas se encontram muito bem no que estão fazendo, mas num determinado momento resolvem mudar o seu rumo tendo em vista realizar um projeto há muito tempo acalentado ou, simplesmente, buscar uma experiência nova. A vida reserva caminhos surpreendentes aos que se aventuram a trilhá-los.

É difícil separar o envelhecimento da aposentadoria, que mais cedo ou mais tarde chega para todos. Por conta disso, deveríamos enfrentar essa realidade bem antes de ela bater em nossa porta, mas lamentavelmente não é comum que nos dediquemos a essa tarefa. Na maioria das vezes, agimos como se estivéssemos sempre muito longe desse evento, até que chega o momento em que somos surpreendidos pelo aviso de que não precisamos mais voltar ao trabalho no dia seguinte. Pode haver uma homenagem, um agradecimento, mas é quase sempre decepcionante. Tem crescido nos últimos anos o número de indivíduos que nos procuram apresentando um quadro de depressão por terem sido desligados de seus trabalhos pela idade. O surpreendente é que a quase totalidade sabia ou poderia imaginar que essa situação iria ocorrer, mas vivia como se não soubesse. Entre esses encontram-se os professores universitários e outros profissionais sujeitos à chamada compulsória, ou seja, ao desligamento sumário ao atingir uma determinada idade estabelecida em lei, de pleno conhecimento desde o ingresso na carreira. A inconformidade com o desligamento encontra nesses casos uma justificativa nas boas condições físicas e mentais da maioria desses indivíduos. Eles desfrutavam um grande prazer com sua ocupação profissional e gostariam de continuar por mais tempo. "Eu nunca fiz outra coisa a não ser ensinar, sempre rodeado de alunos. Essa é a vida que me tiraram de um dia para o outro!", disse-me um qualificado e reconhecido professor de uma universidade federal. Diferentemente desses, temos aqueles que almejam e aguardam com grande expectativa a aposentadoria, geralmente porque não apreciam sua labuta – tiveram uma vida por muito tempo destituída do prazer proporcionado pelo trabalho, e, em certos casos, essa vida continuará sem prazer por um longo tempo após a aposentadoria. Imaginamos que uma parte desse grupo seja formada por funcionários públicos de diferentes níveis e funções que, ao se aposentarem, são premiados com uma pensão cujo valor equivale a encontrar-se em atividade, eventualmente até maior. Constatamos no entanto que muitos, ainda na faixa dos 50 ou mesmo dos 60, dão início a uma nova atividade, como se compreendessem que o prêmio da aposentadoria não deve ser parar de trabalhar, mas trabalhar no que a gente gosta. Pensando dessa forma, o processo de envelhecimento será mais lento e bem mais prazeroso.

Neste século, vimos crescer numericamente e se estabelecer uma nova faixa social formada por indivíduos que têm entre 60 e 80 anos, os quais conseguiram mudar o significado sombrio que por muitas décadas foi dado ao conceito de trabalho. Por conta disso, nem pensam em se aposentar.

Cabe, ainda, destacar os estudos descritos pelo neurocientista francês Michel Desmurget, autor do livro *A fábrica de cretinos digitais: os perigos das telas para nossas crianças*, publicado originalmente em 2019, os quais mostram que os adultos se revelam globalmente, em termos de tecnologia digital, tão competentes e assíduos quanto os nativos digitais. Até mesmo aqueles designados como seniores são capazes de penetrar nesse mundo sem grandes dificuldades quando eles julgam isso útil. Esse cientista nos esclarece que a conversão tardia ao digital não impede que esses idosos se tornem tão ágeis quanto um nativo digital. Em contrapartida, uma imersão precoce no mundo digital desviará fatalmente o indivíduo dos aprendizados essenciais, que, por conta do fechamento progressivo das janelas de desenvolvimento cerebral, se tornarão mais difíceis de alcançar. Mas não é apenas isso. Outras fontes nos informam que o cérebro de uma pessoa idosa é muito mais prático do que normalmente se acredita. Nessa idade, a interação dos hemisférios direito e esquerdo do cérebro se torna harmoniosa, o que expande nossas possibilidades criativas. É por isso que podemos encontrar muitas personalidades que iniciaram suas atividades criativas com mais de 60 anos. Também é interessante o fato de que, após os 60, uma pessoa pode usar os dois hemisférios ao mesmo tempo. Isso permite resolver problemas muito mais complexos. O professor Monchi Uri, da Universidade de Montreal, acredita que o cérebro do idoso escolhe o caminho que consome menos energia, elimina o desnecessário e deixa apenas as opções corretas para resolver o problema. O esquecimento muitas vezes resulta de uma abundância de informações: quando o arquivo é muito grande, leva-se mais tempo para achar o que se procura. Portanto, não tenha medo de envelhecer. Esforce-se para se desenvolver intelectualmente. Aprenda novos trabalhos manuais, faça música, aprenda a tocar um instrumento musical, pinte quadros. Dance! Interesse-se pela vida, encontre-se e comunique-se com amigos, faça planos para o futuro, viaje da melhor maneira que puder. Não se esqueça de ir a lojas, cafés, *shows*. Não se tranque sozinho – isso é destrutivo para qualquer pessoa. Viva com o pensamento: todas as coisas boas ainda estão à minha frente, como sugere o *New England Journal of Medicine*. Ou seja, "sempre em movimento", diria o neurologista, e um dos mais importantes pensadores do nosso tempo, Oliver Sacks, que, aos 82 anos, frente à proximidade da morte devido a um câncer metastático, escreveu: "Não consigo fingir que não estou com medo.

Mas meu sentimento predominante é a gratidão. Amei e fui amado, recebi muito e dei algo em troca, li, viajei, pensei, escrevi. Tive meu intercurso com o mundo, o intercurso especial dos escritores e leitores".

Sem dúvida, envelhecemos mais prazerosamente quando temos boas histórias para contar. Contudo, as boas histórias não dependem somente das experiências vividas, mas também e, principalmente, da maneira de contar. Se pudermos escrevê-las, tanto melhor, porque escrever acalma e nos permite dividir com o papel os traumas, as insatisfações, as frustrações e até as eventuais injustiças a que estamos, inevitavelmente, sujeitos em uma vida longa. Dizem que a diferença entre uma criança e um adulto é simplesmente o preço de seus brinquedos. A pessoa com quem seria ideal conviver é a que tem um terço de criança para brincar, um terço de adolescente para sonhar e um terço de adulto para pagar as contas. Mário de Andrade, um dos fundadores do modernismo no Brasil, escreveu um lindo texto sobre envelhecer intitulado *Minha alma está em brisa*:

> Contei meus anos e descobri que tenho menos tempo para viver a partir daqui, do que o que eu vivi até agora.
> Eu me sinto como aquela criança que ganhou um pacote de doces; o primeiro comeu com prazer, mas quando percebeu que havia poucos, começou a saboreá-los profundamente.
> Já não tenho tempo para reuniões intermináveis em que são discutidos estatutos, regras, procedimentos e regulamentos internos, sabendo que nada será alcançado.
> Não tenho mais tempo para apoiar pessoas absurdas que, apesar da idade cronológica, não cresceram.
> Meu tempo é muito curto para discutir títulos. Eu quero a essência, minha alma está com pressa... Sem muitos doces no pacote...
>
> Quero viver ao lado de pessoas humanas, muito humanas. Que sabem rir dos seus erros. Que não ficam inchadas, com seus triunfos. Que não se consideram eleitas antes do tempo. Que não ficam longe de suas responsabilidades. Que defendem a dignidade humana. E querem andar do lado da verdade e da honestidade.
> O essencial é o que faz a vida valer a pena.

Quero cercar-me de pessoas que sabem tocar os corações das pessoas...
Pessoas a quem os golpes da vida, ensinaram a crescer com toques suaves na alma.
Sim... Estou com pressa... Estou com pressa para viver com a intensidade que só a maturidade pode dar.
Eu pretendo não desperdiçar nenhum dos doces que eu tenha ou ganhe... Tenho certeza de que eles serão mais requintados do que os que comi até agora.
Meu objetivo é chegar ao fim satisfeito e em paz com meus entes queridos e com a minha consciência.
Nós temos duas vidas e a segunda começa quando você percebe que você só tem uma...

Para enfrentar as inevitáveis dificuldades da vida, mesmo as traumáticas, um aliado de que dispomos é o humor. Na velhice ele assume o papel de catalisador das vicissitudes decorrentes da idade. Contudo, o humor envolve um conjunto de características difíceis de apreender, razão pela qual não tem uma definição precisa. Representa uma forma de expressão da criatividade que tem como objetivo mitigar o sofrimento. Sua meta não é, primordialmente, fazer graça, mas convencer de que a realidade é tolerável, ou seja, de que é possível sobreviver às adversidades. Em casos extremos, pode constituir uma forma de resgatar o amor-próprio, evitando que o indivíduo se deixe morrer. Por tudo isso, devemos situar o humor no campo da saúde, e não no campo da patologia. De acordo com o longevo Charles Chaplin (1889-1977), o humor permite ver, por meio do que parece racional, o irracional. Além disso, reforça o instinto de conservação e preserva a saúde do espírito. Graças ao humor, as vicissitudes da existência se tornam mais toleráveis. Como enfatizou Hermann Hesse, o humor nos permite viver o mundo como se não fosse o mundo, respeitar a lei e, ao mesmo tempo, estar por cima dela. Psicanaliticamente diríamos que isso é possível porque o humor se vale do mesmo procedimento da criatividade, que consiste em uma regressão formal do pré-consciente ao funcionamento inconsciente, com o aval do superego. Ao passo que o cômico, o chiste e o irônico constituem atividades mentais que visam à satisfação erótica e/ou agressiva, carecendo da presença real de outra pessoa para atingir o seu fim, o humor configura um processo de secundarização estritamente intrapsíquico cuja meta é a economia da energia ligada a afetos penosos que, mediante um processo de inversão, se transformam em prazer. Embora se trate de uma fruição caracteristicamente moderada, ela confere ao indivíduo uma aprazível sensação de vitória, que resulta da reafirmação da invulnerabilidade narcísica do ego. Esses verdadeiros estados de euforia reproduzem o funcionamento psíquico da infância, quando, segundo Freud, ignorávamos o cômico, éramos incapazes de chistes e não necessitávamos do humor para nos sentirmos felizes nesta vida. Em seu artigo sobre a metapsicologia do humor, Freud destaca que, na atitude humorística, o indivíduo se comporta em relação a si mesmo como o adulto que procura amenizar uma realidade que a criança experimenta como avassaladora. Esse procedimento corresponde a uma operação interna do aparelho psíquico que consiste no desinvestimento do ego em favor do superego, o qual revela nesse processo o seu aspecto benigno de ordenador da vida, que tem como matriz o suporte ambiental. Por essa via, o indivíduo se sobrepõe ao lamento, uma vez que, comparativamente a um ideal, toda adversidade imediata é minimizada, obtendo-se daí o amor da instância moral.

Contudo, o aspecto que gostaríamos de destacar é a capacidade do humor de originar, nas palavras de Winnicott, uma área de ilusão, na qual o paradoxo que se estabelece entre fantasia e realidade potencializa a criatividade, inclusive a artística, o que torna o humor operante em situações nas quais o ser humano se sente ameaçado e desprotegido. Embora a realidade se oponha ao alívio de tensão que o ego almeja, no humor é possível recuperar algo do que primitivamente foi uma ilusão de onipotência, mediante o resgate da essência do vínculo primordial em que o indivíduo se supõe amparado e amado por uma instância superior. É exatamente o que diz Freud: na atitude humorística, o que o superego realmente faz é repudiar a realidade e servir a uma ilusão. Em nosso cotidiano, costumamos nos mover em uma realidade entre parênteses, na qual vamos desenvolvendo o nosso projeto de vida sem pensar, por exemplo, que a morte, em algum momento da trajetória, nos aguarda. Agimos dessa forma até mesmo quando nos aposentamos ou vamos a um tabelionato fazer o nosso testamento – ou seja, não estamos o tempo todo pensando no que de ruim pode nos acontecer. Assim, devemos considerar que a proteção contra o caos é essa espécie de convenção da realidade que funciona da mesma maneira que as respostas tranquilizadoras que os pais dão aos filhos pequenos quando estes lhes perguntam se, seja qual for a situação, jamais os abandonarão.

No entanto, quando se instala o caos, como ocorreu com o povo judeu durante o nazismo, a criatividade, que tem uma de suas manifestações no humor, é o mecanismo moderador que, além de favorecer a elaboração dos conteúdos, propicia ao ego recuperar sua função de continente dos objetos internos, dos projetos e das percepções. Em outras palavras, permite que o ego volte a funcionar, pois, na verdade, o ego só funciona quando pode englobar, de uma maneira ativa, corpo e mente.

22

A VIDA É MAIS VASTA DO QUE A HISTÓRIA

Podemos observar que, ao longo da história da humanidade, um número considerável de pensadores, filósofos, cientistas, escritores, políticos e profissionais pertencentes a outras áreas do saber deixou marcada a sua passagem pela vida com frases de extrema profundidade e sabedoria humana que ultrapassaram os séculos sem perder sua atualidade. É possível que todos os que estudam busquem uma sentença que sintetize com clareza e simplicidade os conhecimentos que acumularam.

Não sem razão, o dramaturgo e poeta romano Terêncio, que viveu de 185 a 159 a.C., notabilizou-se com a frase *"Homo sum; humani nil a me alienum puto"* (Sou humano; nada do que é humano me é estranho). É chamativa a simplicidade, a profundidade e a atualidade dessa frase, a qual nos animamos a dizer que sustenta o enorme edifício da teoria psicanalítica, em que pese Freud não a ter citado em sua extensa e profícua obra. Podemos lembrar de muitas outras, inclusive escritas por Freud, por exemplo, "Precisamos nos colocar acima das simpatias e das antipatias se quisermos saber o que é verdadeiro neste mundo". A ele, além disso, tributamos o reconhecimento de ter criado a psicanálise a partir da descoberta de que, no fundo, somos todos igualmente capazes de amar e odiar, eventualmente a mesma pessoa, configurando essa descoberta uma síntese da alma humana.

Na falta de uma designação melhor para este capítulo, recorremos a uma frase de Gregorio Marañón, médico, cientista, historiador, escritor e filósofo espanhol, pertencente à geração de 1914, incluída na obra *Tibério: história de um ressentimento*: "A vida é mais vasta do que a história". Nessa frase enfeixa-se o que pretendemos transmitir com este capítulo. Mas cabe esclarecer que não começamos por ela; fomos buscá-la no final, como uma síntese do tema abordado. O título deve sempre ser escolhido no final do artigo, do capítulo, do livro ou qualquer obra de arte, para não configurar um enquadramento do autor nem apropriar-se da sua criatividade, que deve voar livre como um pássaro, sem amarras.

Na verdade, a ideia do assunto surgiu das histórias que ouvimos em mais de 50 anos de longas horas semanais de consultório. Nossa escuta engloba pacientes de diferentes grupos socioeconômicos, diferentes culturas, diferentes idades e diferentes experiências, algumas marcadamente traumáticas, revelando diferentes sofrimentos. Alguns pacientes sucumbiram à história, mas, na maioria dos casos, eventualmente com a ajuda psicoterápica, a vida ultrapassou a história. Iniciamos com o relato de uma dessas vidas com muitas histórias.

> Trata-se de uma jovem, filha única, que vamos chamar de Linda. Em 1964 ela tinha 16 anos. Seus pais, professores universitários, tornaram-se perseguidos políticos e saíram clandestinamente do Brasil para exilarem-se em outro país. O imóvel onde a família vivia foi desocupado, e Linda foi morar na casa de uma tia-avó, uma pessoa bondosa, mas com poucos recursos econômicos. Ela foi obrigada a transferir-se da escola privada que frequentava para uma escola pública por não poder seguir pagando e, também, por sentir que os colegas passaram a evitá-la, provavelmente influenciados pelos pais. Os primeiros meses foram difíceis, inclusive para dormir, pois temia que a casa viesse a ser invadida pela polícia política em busca dos pais ou para saber do paradeiro deles. Frente às dificuldades econômicas da tia-avó, após algum tempo conseguiu um emprego como recepcionista num salão de beleza e, dessa forma, pôde pagar um cursinho pré-vestibular de três meses.

> Ingressou na faculdade de comunicação de uma universidade federal e, durante o curso, trabalhou em uma agência de publicidade, uma rádio e um jornal da cidade. Ao concluir o curso, pôde juntar-se aos pais, que, nesta altura, já haviam conseguido emprego numa universidade. Naquele país, após algum tempo Linda se tornou correspondente internacional de um jornal importante, casou-se, teve filhos, perdeu os pais, aposentou-se e, ao enviuvar, com 68 anos de idade, voltou a viver no Brasil, dando continuidade à sua vida.
>
> Linda, na adolescência e no início da vida adulta, enfrentou dificuldades, em particular as decorrentes do afastamento dos pais, mas não perdeu a família como um sentimento, o que lhe permitiu seguir vivendo apesar das vicissitudes impostas pela história: história política do país, história familiar, história pessoal. Ao priorizar os ideais paternos e maternos, em detrimento do conforto e da segurança, foi capaz de elaborar os traumas e avançar em seu desenvolvimento emocional e profissional. Em seu tratamento, iniciado quando retornou para o Brasil, revelou uma grande capacidade de integração das experiências vividas, a qual possibilitou que a vida se tornasse mais ampla do que a história. É interessante registrar que se encontrava, na mesma cidade, novamente com os pais distantes. Desta vez, no entanto, irreversivelmente. Apesar disso, o tratamento buscado não visava ao passado, bem-elaborado, integrado em sua personalidade e, por essa razão, enriquecedor, mas ao futuro, sua segunda vida no país em que nasceu e viveu até os 25 anos – nesta oportunidade, diferente da anterior, com uma confortável situação econômica.

O caso citado emblema uma defesa adaptativa, existente desde o início da vida para enfrentar os traumas, que consiste na desestimação ou no desinvestimento afetivo da experiência, resultando na criação de áreas de indiferença em relação a fatos que constituem a história do indivíduo. Essa defesa também pode ser considerada funcional, tendo em vista que ela permite ao ego seguir funcionando e, na infância e adolescência, também se desenvolvendo, mesmo em condições internas ou externas adversas. Evidentemente, o sucesso desse processo defensivo depende, de um lado, das capacidades elaborativas e sublimatórias do ego e, de outro, da intensidade dos traumas. Também têm um papel importante os apoios de que a pessoa dispõe quando passa por experiências traumáticas. Na situação de Linda, o apoio recebido pela tia-avó atenuou o impacto da vivência de distanciamento dos pais numa etapa do desenvolvimento que exige o enfrentamento de novas exigências, internas e externas, algumas impostergáveis. Igualmente contribuíram para o enfrentamento das experiências os valores morais e éticos implicados no afastamento dos pais. Por conta disso, não se pode negar que, em todas as situações desfavoráveis da nossa vida, sempre vamos depender de um fator imponderável chamado sorte. Contudo, estaremos mais preparados se contarmos com uma boa barreira de proteção contra as adversidades, representada pela capacidade de nos tornarmos indiferentes a elas, numa certa medida. Podemos dizer que é a superação desses momentos difíceis que faz com que a vida se torne mais vasta do que a história.

O nome dado a essa paciente resultou do sentimento que tivemos ao ouvir sua história, verdadeiramente linda, apesar dos traumas vividos na adolescência, que relatamos parcialmente. Cabe considerar que ela foi favorecida por uma infância com saúde e cercada de muito carinho por parte dos pais, situação que confere à criança o sentimento de possuí-los mesmo quando distantes. Também podemos constatar que esses pais foram capazes de trabalhar no sentido de a filha vir a se tornar na vida adulta um indivíduo autônomo e independente, evitando excessos de proteção e gastos com bens materiais. Sendo professores, enfatizaram a importância de estudar para entender as razões dos fatos que marcam a história dos grupos e dos indivíduos. Com esse cenário interno, ela foi capaz de contracenar com os desafios externos da adolescência e do início da vida adulta, os quais lhe exigiram antecipações numa medida não exagerada.

Contudo, por mais que se esforcem, os pais não podem prever todas as situações pelas quais passarão os filhos, nem mesmo sabem se sempre poderão ajudá-los. A vida é dinâmica, oferece surpresas a todo momento e está sujeita a mudanças sem aviso prévio. Esperamos que essas surpresas sejam boas. A esperança é fundamental. Ela denota uma marcada origem religiosa: "Fé, esperança e caridade", prega a Igreja. No entanto, não foi a religião que inventou a "esperança". Quem sabe a própria esperança tenha inventado as religiões, que, indistintamente, oferecem dias melhores. Trata-se de uma função do ego que se relaciona com a própria historicidade, com o superego e com os seus ideais, não como valores teológicos, mas como continuidade das vivências de satisfação adquiridas nos primeiros meses de vida mediante o cuidado e o carinho dos pais ou substitutos. Apoiado nesse sentimento, o indivíduo desenvolve a crença, a "fé" de que fala a Igreja, na existência de um mundo dotado de objetos protetores que virão em sua ajuda quando for surpreendido por uma dificuldade. A história do significado da palavra "esperança" indica que seu conteúdo não é egocêntrico, exigindo sempre a participação de um objeto, de um "outro". Sua base é que aquilo que é esperado não depende, portanto, da própria pessoa, do que ela possa fazer, mas de uma outra, reconhecida e capacitada. Trata-se da expectativa de que, no futuro, virá a ajuda da representação de alguém que alguma vez já a concedeu; não se encontra, portanto, totalmente fora da realidade. Esse "alguém" geralmente é a própria mãe, representada pela Nossa Senhora da Ajuda ou pela Nossa Senhora do Amparo, reverenciadas pelos católicos.

Sendo assim, a esperança corresponderia a uma manifestação do instinto de autoconservação do ser humano. A natureza da dádiva esperada é a benevolência, a "caridade" do objeto, e a única coisa de que a pessoa precisa para almejá-la é a vivência de satisfação antes referida, pois é a crença na bondade do objeto que dá substância à esperança, que pode ser comparada a um "novo nascimento", exatamente como Linda concebeu a sua volta ao país, embora já contasse 68 anos de idade. A esperança, disse Aristóteles, é o sonho do acordado. Sonhar com dias melhores não é nem proibido, nem pecado. Ao contrário, é indispensável para seguir vivendo e enfrentar os traumas com a ajuda dos pais bondosos que carregamos dentro de nós, os quais nos possibilitaram superar o primeiro e fundamental deles: o "trauma do nascimento", fruto da neotenia do ser humano, criando uma "confiança básica", flagrante no caso relatado para ilustrar o tema deste capítulo.

Não obstante, a história não permite que a vida seja linear. Ela a torna polissêmica e, eventualmente, ambígua. Praticar a bondade não garante que a história será bondosa conosco; garante apenas a satisfação que essa prática proporciona: um encontro com os nossos valores internos. Vale o mesmo para a gratidão: quanto mais gratos conseguimos ser, mais enriquecida tornamos a nossa vida. A gratidão é uma oportunidade que alguém nos oferece de nos sentirmos merecedores do amor do outro. Um indivíduo maltratado, abusado sexualmente na infância, por exemplo, carrega o sentimento de não merecer o amor do outro e, por conta disso, costuma estabelecer relações na vida adulta em que é novamente maltratado e abusado. A conduta dos cuidadores funciona como um espelho no qual a criança se vê e cria uma imagem interna de si mesma. Os traumas, no entanto, são inevitáveis, mas é na superação deles que se sustenta o desenvolvimento do ego. Como foi dito anteriormente, para enfrentá-los, contamos com a confiança básica (sentimento interno de sermos amados), com a barreira de proteção contra estímulos (excessivos, bem entendido), com a esperança (experiências prévias de termos sido ajudados, amparados) e, na melhor das hipóteses, com a companhia/presença de um outro. O sofrimento é maior quando estamos sozinhos. Os traumas infantis, em muitos casos, são mais intensos pelo fato de a criança sentir-se sozinha, desacompanhada, sem testemunhas, do que pelo sofrimento físico ou mental propriamente dito.

Para finalizar, cabe reprisar que são as histórias que preenchem uma vida: de tristezas, mas também de alegrias; de saudade de tudo de bom que foi experimentado; dos amores perdidos, mas não esquecidos. Todo amor é único; não pode ser substituído. Contudo, a maior perda não é daquilo que um dia tivemos, mas daquilo que nunca tivemos. No primeiro caso, o resultado é a saudade; no segundo, o vazio, muito pior: equivale a uma não vida. Diz Mario Quintana: "Só o que está perdido é nosso para sempre". Essa é a vida, quando consegue ser mais vasta do que a história.